大唐侃史官

李飞 著

中国华侨出版社
·北京·

图书在版编目（CIP）数据

大唐侃史官 / 李飞著. —北京：中国华侨出版社，2021.11
ISBN 978-7-5113-8609-0

Ⅰ.①大… Ⅱ.①李… Ⅲ.①中国历史—唐代—通俗读物 Ⅳ.①K242.09

中国版本图书馆CIP数据核字（2021）189370号

● 大唐侃史官

著　　者 /	李　飞
责任编辑 /	李胜佳
封面设计 /	一个人·设计
经　　销 /	新华书店
开　　本 /	710毫米×1000毫米　1/16　印张/15　字数/208千字
印　　刷 /	北京溢漾印刷有限公司
版　　次 /	2021年11月第1版　2021年11月第1次印刷
书　　号 /	ISBN 978-7-5113-8609-0
定　　价 /	49.80元

中国华侨出版社　北京市朝阳区西坝河东里77号楼底商5号　邮编：100028
编辑部：（010）64443056　　　64443979
发行部：（010）64443051　　传　真：64439708
网　址：www.oveaschin.com　E-mail：oveaschin@sina.com

如发现印装质量问题，影响阅读，请与印刷厂联系调换。

前 言
Preface

唐，中国封建社会的巅峰，时至今日仍对我们的生活产生着巨大的影响。

比如：遍布世界各地的唐人街，上了岁数的叔叔阿姨都比较喜欢的唐装，还有大家一直想拥有的唐三彩……

唐，起起伏伏三百年，其间交织着政治的博弈、灿烂的文化、铁血的浪漫以及人性的善恶，尽管时光一去不复返，但大唐荣耀仍然伴随着我们。

有唐一代，奇人辈出，逸事不断，至今电视屏幕上还上演着关于他们的种种传说，那些动人心魄的故事，承载着大唐帝国的沧桑和辉煌。回望大唐，让我们感动和惊奇。

大唐王朝，曾以其恢宏的气度和开放的胸怀，书写了中国历史非常强盛的一页，时至今日，仍让我们这些后人追怀仰慕不已。唐王朝如何崛起于隋末混战的乱世之中，又为何由强盛转向衰落，最终消亡？在唐王朝近三百年的历史中，上演了多少或惊心动魄，或残酷惨烈，或可歌可泣，或令人发指的故事？

本书从隋朝开始衰亡写起，通过还原历史细节，将盛世唐朝那些有趣的事儿娓娓道来，既呈现出恢宏大气的大历史观，又在不经意间勾勒出大历史中的历史细节，独具慧眼地把唐朝的纵横面一并展现在人们面前，将唐朝最真实的人和事还原到人们面前。

这是有点不一样的唐朝，有些不一样的历史！

这是一本有趣的历史书，在风趣中不失深度，幽默中更显深沉。

唐朝那些事儿，有些凄惨，有些血性，有些甜蜜，有些风情，有些铁案板上钉钉，也有悬案迷雾重重……

思绪回到唐朝，这里有讲不完的故事，聊不完的谈资。

这是一本有灵魂、有内容、有猛料的唐朝史，那些陷落在历史深处的人物在作者笔下的这一刻，不再是一个个生硬刻板的名字，而是一个个灵魂都散发着趣味的时代见证者。作者用现代人最熟悉的诙谐手法，将唐朝的发展、更迭、龙争虎斗、爱恨情仇以独特的视角展现出来，精彩，不容错过！

本书以唐朝正史为经，以历史事件为纬，其间穿插种种脍炙人口的奇人异事以及民间传说，力求帮助读者在故事中细品历史，在文化中追问当下，在文学中透视人生。

目录 Contents

篇一 大隋：苛政猛于虎，百姓很辛苦

杨坚一出生，就甩别人几千里 / 2

翁婿失和：老丈人，朕要注销你家户口本 / 5

惊喜不惊喜，意外不意外 / 8

宇文氏的鲜血，染红了杨家江山 / 9

晋王夺嫡，一路拼的是演技 / 12

大隋的亡，要怪杨广"太有作为" / 16

篇二 东驰西击，四海归一，江山从此姓了李

老李被娃坑，无奈太原起雄兵 / 20

谁说女子不如男，公主为父守雄关 / 23

薛举，你在我李世民手下走不过四步棋 / 27

瓦岗败局：职业经理人干掉了企业创始人 / 33

王世充、窦建德——李世民一战平两国 / 39

诛除刘黑闼，太子打了个漂亮的翻身仗 / 44

篇三 浮光与掠影，从玄武门走出来的帝王模范生

李渊的失策：尾大不掉的天策上将 / 50

隐太子李建成，这一千多年太冤了 / 52

血溅玄武门，李世民手段够硬 / 54

击东突厥，破吐谷浑，李靖霸道 / 58

高昌王不服，我们就打到他服 / 62

李勣，薛延陀就由你来摆平吧 / 63

李世民之死，竟有如此内幕 / 67

篇四 与父子皆博弈，不称帝逃不过一生迷离

隋唐第二冤案——又杀错人了 / 70

武媚的眼泪，撩动了世民的春心 / 73

从少女到少妇，12年清冷岁月 / 76

病榻前的孽恋，感业寺的风情 / 80

王皇后引狼入室，武媚娘血雨腥风 / 83

二圣临朝，谁不服就把他灭掉 / 90

病死还是毒杀？太子李弘死因成谜 / 94

又死一个太子，李贤到底冤不冤 / 97

我一个女子，逼我用铁腕整治 / 99

女主临朝，日月当空——曌 / 101

武曌的霸气，也摆不平无奈的结局 / 105

篇五　盛世长恨，变了色的江山与留不住的美人

妈妈死了，她被奶奶杀死了 / 110

李显的悲哀——死了都要爱 / 111

杀掉她们！保住我李家江山 / 115

姑侄之争，又一次血雨腥风 / 119

一不小心，整了个史上最强盛世 / 122

后宫佳丽，4万有余，4万有余…… / 125

隋唐第三冤案之又，又杀错人了 / 127

寿王的悲哀 / 131

皇上，我安禄山要为你诛杀奸臣！ / 138

君王掩面救不得，妃子终究死了么 / 143

篇六　李杜悲话，上苍赐予的才华，填不平人生的落差

李白大笑当官去，心碎一地 / 146

君臣不贤，杜甫颠沛流离那些年 / 149

李白慷慨从军，结果从了个叛军 / 152

高适大人，您就拉兄弟一把吧 / 154

太白故友：好久未见，你还好吗 / 156

险些，再一次成为逆党…… / 159

朱门酒肉臭，路有冻死骨 / 162

百年歌自苦，未见有知音 / 166

篇七 宦官为患，党争不断，帝国在藩镇风暴中出现裂变

安史内乱：父子之间相爱相杀 / 170

郭子仪：你所有的福气，都藏在厚道里 / 173

五镇皆反，泾原兵变，天下大乱 / 176

二王八司马，朝廷又乱了 / 183

李纯削藩有力度，然而死得很残酷 / 187

皇帝兵变灭太监，结果皇帝被收监 / 193

他一边吃药，一边带着大唐回光返照 / 196

牛李党争，彻底乱了大唐朝政 / 201

篇八 黄巢一怒天下乱

800人席卷半边江山，大唐要完 / 206

不录取我黄巢，后果你们承受不起 / 208

那时候，朱温他还是个情种 / 211

为今之计，只有朕把脑袋给你们了 / 216

惊天大案——开封雨夜杀人未遂事件 / 218

李晔神助攻，朱温一遇风云欲化龙 / 221

屡遭背叛有多痛，兵败如山李克用 / 223

朱温篡唐，掀开哀怨四起的乱世篇章 / 226

篇一

大隋：苛政猛于虎，百姓很辛苦

就这样战战兢兢地熬到公元572年，宇文邕亲手干掉了宇文护，过程非常血腥——先击倒之，后砍死之，然后再将与宇文护有关系的人杀个干干净净。就此，杨坚心中无比恐惧的、那把架在脖子上的两米长的大刀终于消失了，可还没等杨坚长松一口气，来自皇家的猜忌又开始了！

…… ……

杨坚一出生，就甩别人几千里

自汉亡，中国历史进入了一个极度混乱的时代。先是三国大佬们到处打群架，最后白白成全了司马氏一家，老百姓本以为可以安居乐业几天，谁知道司马懿的后代子孙一点也不让人省心，没事就搞什么内斗、玩什么夺权，把天下折腾得一塌糊涂，后来司马懿的重孙媳妇贾南风只手遮天、乱杀皇族、陷害无辜，终于引发"八王之乱"。

接着，一番罔顾人伦的攻伐，终被五胡乱了华。两晋颠颠簸簸走过155年，随着历史的一声叹息，烟消云散了。

在这一乱世中，人命如草芥，最缺的是人，最不值钱的也是人。如果当时就有摄录机，如果我们能够看到两晋南北朝时期的写实纪录片，你会真实感受到什么叫哀鸿遍野、尸骨如山、惨绝人寰……

在这个时代里，屠城就像玩游戏那么简单，诛锄异己是所有野心家的正常脑回路，在他们看来，人很脆弱但也很可怕，谁不和我穿一条裤子，我就让他以后再也穿不了裤子。

在这种情况下，老百姓的生活可想而知，悲悲切切凄凄惨惨戚戚，每天眼巴巴地祈祷一个盖世英雄的出现，身披金甲战衣，胯下顶配宝马，挥舞方天画戟，救自己于水深火热之中。

结果，因为乱世出英雄这个从不失信的谶言，英雄真的就在老百姓热泪盈眶的期盼中不负约定地出现了，这位英雄姓杨名坚，别号普六茹·那罗延，普六茹是鲜卑姓氏，那罗延为"金刚不坏"之意。

杨坚的爸爸杨忠是北周开国功臣，因功被封柱国、随国公，赐姓普六茹，所以杨坚的真正身份是汉人，并不是鲜卑人。

跟所有开国皇帝设定的剧情一样，杨坚出生时也少不得天降异相。

据说，公元541年六月十三日，夜，陕西省大荔县般若寺内，突然间紫气满堂，接着，杨坚就出生了。

这可出大事了！

大家都知道紫气在中国古代代表什么吧，那是富贵至极，可杨坚家本就已经富贵至极了，这要是再富贵，岂不是说，他是上天选中的、命中注定的那一位？

是不是咱也不知道，反正古代帝王都喜欢这么说。

于是，杨坚一生下来，立刻紫气东来，然后在场的人马上就发现这孩子长得也很不一般——为人龙颔，额上有五柱入顶，目光外射，有文在手曰"王"。长上短下，沈深严重。

翻译过来就是：杨坚下巴很长而且很外突；脑门上有五个隆起的部分，一直延伸到头顶；双目精光如闪电；手纹怎么看都像个"王"字，上身长下身短，表情庄严肃穆……

咱也不知道这生的到底是个啥。

后来大隋朝有位不怎么正经的文人，充分发挥了自己的文学天赋，说我们家皇帝的长相是这样的——

"帝体貌多奇，其面有日月河海，赤龙自通，天角洪大，双上权骨，弯回抱目，口如四字，声若钏鼓，手内有王文，乃受九锡。昊天成命，于是乎在。顾盼娴雅，望之如神，气调精灵，括囊宇宙，威范也可敬，慈爱也可亲，早任公卿，声望自重。"

——这文采！原谅我只能直接引用文言文了，因为翻译起来总是冒感不适。

杨坚出生后，现场有一位可能会点啥的师太对杨妈妈说，你家这孩子可不是凡人啊，不能放在凡尘俗世中抚养，贫尼倒是有个卧虎藏龙的好地方……

杨妈妈听到对方猛夸自己孩子，心里高兴极了，一高兴，就让这人把自己孩子带走了。杨坚于是在一个超凡脱俗的胡同中长大成人，咱也不知道这条胡同到底有什么地方超凡脱俗，反正杨坚称帝以后它超凡脱俗了，被称为"龙窝巷"。

却说有一天，杨坚他妈想儿子了，就到那个"龙窝巷"去看他，刚抱起来深情对望，突然见自己的儿子"头上角出，遍体鳞起"，杨妈妈想必也没见过这种"灵异事件"，惊恐之下将这个极其与众不同的"人类幼崽"就给扔了……此时，正好那位可能会点啥的师太匆忙赶来，慌忙从地上将杨坚捡起，以无比心疼、无比惋惜的语气责怪道："哎呀杨坚他妈，你这一摔，这孩子得晚得天下好几年！"

…… ……

好了，咱们还是说正经的吧。

跟古时候大多数官二代一样，杨坚此人就是个学渣，直到13岁那年，才被他爹硬生生押进太学读书，但只读了一年，就毕业入仕，成为帝都长安最高行政长官京兆尹的首席助理（功曹）。

短短一年时间，杨坚就是有爱因斯坦的大脑，也学不到什么，何况他还不是什么学习的料。但这一年时间，对于杨坚而言，可以说收获颇丰。首先，他有学历了，不管成绩咋样，名牌大学毕业证到手了；其次，他结识了一帮官二代同学，这可是一笔不可言说的财富。

杨坚14岁踏入仕途，15岁就接了爸爸的班，被授予散骑常侍、车骑大将军、仪同三司；16岁时，升职骠骑大将军，加授开府。

在这里简介一下什么是仪同三司，什么是开府。

三司，在唐代之前，同三公，是中国古代位居极品的三个官职的合称，比如，汉代的大司马、大司徒、大司空。

东汉末年，董卓作乱，自立相国，官位凌驾于三公之上。

建安十三年（公元208年），曹操废掉三公，以丞相、御史大夫取而代之，曹操自己直接做了丞相，两汉时实行了两百多年的三公制，至此宣告终止。

曹丕建国后，重新恢复三公制。在魏晋南北朝时期，三公实权已经慢慢向尚书机构转移，但依然位居极品。

仪同三司，就是说级别与三司相同，但没有实际职务和权力，属于散官，是帝王奖励有大功者或其子嗣的一种顶级荣誉。

开府，就是可以在固定的地方设立办公室，可以有自己的办公机构和工作团队。

杨坚在16岁时就拥有了自己的府衙和精英团队，起点比别人可不止高出一星半点。

翁婿失和：老丈人，朕要注销你家户口本

其实杨坚入仕时，那个政治背景相当糟糕，在当时的北周，皇位归宇文泰的儿子们所有，但实际权力却掌握在他们的堂兄宇文护手里，皇帝是提线木偶，而宇文护就是那个提线人。

宇文护真心觉得这种感觉是极好的，但他的皇帝小堂弟真心觉得这种感觉极为不好，于是皇帝与权臣之间的明争暗斗自然而然地不断上演，而前期的争斗结果则是一边倒的态势——宇文觉斗宇文护，宇文觉卒；宇文毓斗宇文护，宇文毓卒；皇位终于轮到了宇文邕……北周立国才三年，皇帝已经换了仨，而杨坚此时刚刚入仕不久，只是个不太起眼的小角色。

宇文邕跟他被弄死的那两位哥哥一样，也不甘心做别人的提线木偶，

所以，皇帝与权臣的斗争仍然在继续着，矢志不移地继续着。

不同的是，宇文邕相比他短命的两个哥哥，在智商和心机上要明显高出一截，当面脸上笑嘻嘻，转过脸处心积虑，在暗中操作，势要干掉堂兄宇文护。

当然，宇文护能一直呼风唤雨，自然也不是省油的灯，他也一直在为自己壮大力量，发誓要把随心所欲换皇帝这一套一直玩下去。

在宇文护拉拢的众多人物中，就包括当时刚刚崭露头角的杨坚同志。

杨坚同志当时还很年轻，涉世未深，收到宇文护的入伙邀请以后，一时间不知所措，就去问他老爹该怎么办，他老爹告诉他，夹在两个婆婆中间的儿媳很难做人，这事你最好置身事外，等局势明朗，再明智地进行站队。

杨坚觉得，我爹说得真对，于是委婉地拒绝了宇文护的邀请。

之前说过了，那个时代的政治家，讲究"你不跟我穿一条裤子，我就让你以后没法穿裤子"，北周一哥宇文护这就决定对杨坚同志动手了，多亏杨坚同志上那一年学结识了不少家里有权势的好朋友，大家帮他从中周旋，他才得以幸免。

那些年，杨坚对宇文护随时可能砍向自己的两米长的大刀，充满了无法言说的恐惧感。

就这样战战兢兢地熬到公元572年，宇文邕亲手干掉了宇文护，过程非常血腥——先击倒之，后砍死之，然后再将与宇文护有关系的人杀个干干净净。就此，杨坚心中无比恐惧的、那把架在脖子上的两米长大刀终于消失了，可还没等杨坚长松一口气，来自皇家的猜忌又开始了！

当时的情况是这样的。

宇文邕亲手干掉宇文护以后，其实对杨家人还是很不错的，还把杨坚的长女杨丽华选作了太子妃，有了这层关系，皇帝倒不至于无缘无故对亲家公下手。

但是,他的那位太子女婿可不这样想。

公元578年,周武帝宇文邕龙驭归天,太子宇文赟继承皇位,史称周宣帝。

如果简单评价周宣帝这个人,那就是荒淫无道,暴虐无常,重度神经病。他在自己老爹的葬礼上,就扶着棺材指着尸体骂,你这个老东西死得真是太晚了!

宇文赟登基以后,瞬间觉得天下的女人都应该是自己的才对,于是开始大肆选妃,从此夜夜笙歌,酒池肉林。这还不算,他还灌醉并且不文明了既是自己的表侄女又是侄媳妇的尉迟炽繁,直接导致了尉迟炽繁婆家起兵造反,天下瞬间大乱。然而,前方战火连天,他却心安理得地将尉迟炽繁接入宫中,并封为皇后。

等等,皇后不是杨坚的女儿杨丽华吗?

解释一下,这是宇文赟的创意之举,他一口气封了五个皇后,打破了前赵皇帝刘聪"三后并立"纪录。他可能是觉得,朕把你们都封为皇后,谁也别吃谁的醋,惹朕心烦。

然而,他想多了,一山不容二虎,何况一下子是五虎?大家都是皇后,后宫的事务你说该听谁的?为了争权和争宠,除杨后外的四个女人每天吵来吵去,相互攻讦,把宇文赟搞得无比心烦,可是他每次一心烦,都会迁怒于置身事外的大皇后杨丽华,指着她鼻子骂:"朕一定要灭你全家!"

这就太不讲道理了,但杨丽华只能忍着。

没过多久,这件事传到了杨坚耳中,按理说,杨国丈应该很生气,有哪个爸爸不疼爱自己的女儿呢?宇文赟应该也是这样想的,于是他召杨坚进宫,并对左右吩咐:"一会他来时,若面带怒容,你们并肩子上,给我干掉这个老东西!"

结果杨坚来时,跟没事人一样,恭恭敬敬地请安问好,从容不迫地谈工作拉家常，宇文赟大概也觉得毫无理由地干掉自己的老丈人，实在说不过去，便没有动手。

人生如戏，全拼演技！

惊喜不惊喜，意外不意外

宇文赟当了一年皇帝，把国家祸害得狼藉满地，大概是觉得当皇帝一点不好玩，不能将自己全部的时间和精力投入到无限的荒淫玩乐中去，于是大手一挥："儿子，皇位给你吧！"自己优哉游哉地当他的太上皇去了。

那一年，他儿子宇文阐才6岁。

杨坚这时一跃成了国民姥爷，世袭了他爹的随国公称号，并且成了首辅大臣，可以说二人之下，万人之上。但是，他的危险依然没有解除，因为他那个疯狂女婿还是时不时地就想干掉他。

宇文赟上一次没有杀成杨坚，心里也挺堵的，意识到杨坚是个江湖老油条，不容易对付，便决定调转攻击方向，先收拾皇后杨丽华，反正一定不能让老杨家好过。于是他有事没事就找碴，历数杨皇后"罪行"，说得自己都信以为真了。

然而，杨皇后遗传了她爹超级好的心理素质，落落大方从容不迫，清清楚楚地摆事实，有理有据地讲道理，直把宇文赟回复得无言以对。

宇文赟讲理讲不过人家，那索性就不讲理了，直接赐死杨皇后，反正不管你有没有错，我就要赐死你，我要你死，你不得不死！

就在这生死攸关的时刻，消息传到了杨家。

杨皇后的母亲独孤伽罗火速赶往宫中，为自己的宝贝女儿向宇文赟求情，磕起头来毫不含糊，直磕到头破血流，把宇文赟这魔鬼都磕得心软了，暂时放过了杨皇后。

这件事令杨坚更加不安，为了使自己的魔鬼女婿对自己眼不见心不烦，他决定离京避避风头。有了这个想法，杨坚便通过自己在朝中的关系努力运作，就在即将运作成功之际，又一件大事发生了！

谁也不曾想到的是，刚刚二十出头的宇文赟身体早就被掏空了，突发重疾口不能言，眼看着差一口气就要挂了！

太上皇病危，皇帝年幼，这时宇文赟的两个心腹、杨坚的两个好友郑译和刘昉同时想到了杨坚，力邀他出来主持大局，辅助幼帝，全面接管朝廷。

杨坚固拒，说这事儿我怎么能干呢？我不是那样的人！刘昉怒了，大声对杨坚吼道："你要想干，就痛快点，不想干，老子就自己干！"

此时，独孤伽罗也劝丈夫："你已经没有退路了，就加油干吧！"于是杨坚"勉强"同意。

接下来发生的故事非常老套，郑刘二人伪造诏书，以宇文赟的名义要求杨坚全面接管朝政，杨坚一脸不愿意地被众人推上高位。杨坚无论如何也没有想到，自己昨天还危在旦夕，今天就直接权倾朝野，真是惊喜和意外，你永远不知道哪一个先来。

宇文氏的鲜血，染红了杨家江山

杨坚从名义和实际两方面接管了北周的军政大权，从那一刻起，他的外孙、年幼的周静帝宇文阐便成了不折不扣的傀儡皇帝。但此时的杨坚仍然没有摆脱危机，他的面前不是一片坦途，而是一片荆棘。

当时，杨坚虽然实际上控制了京城长安和关中地区，但北周的其他地区仍掌握在宇文家族手中，其中最厉害的，就是宇文赟在外就藩的五个叔叔：赵王宇文招、陈王宇文纯、越王宇文盛、代王宇文达和滕王宇文逌。

这五个藩王都是宇文泰的儿子，宇文邕的兄弟，无论地位、实力、地盘都不容小觑，他们要是兴兵勤王，杨坚的境地可想而知。

然而，杨坚现在骑虎难下，他必须设法摆平这些障碍，他要怎么办呢？

杨坚眉头一皱，计上心头，他以赵王宇文招之女即将远嫁突厥为由，邀请五王进京议事，准备在自己的地盘干掉他们。

杨坚这是一步险棋，如果五王识破诡计，就地兴兵，他杨坚基本也就走到头了，但五王太过托大，竟然不约而同地就来了，杨坚悬着的心也终于放下了。

五王到京以后方才醒悟，可惜此时手中已经没了军队，无奈之下，只能搞暗杀。

五王之中的宇文招设计了一出"鸿门宴"，过程和结果都和项羽版的鸿门宴差不多，不同的是，刘邦逃出鸿门宴，接下来又与项羽进行了一连串的摩擦，而杨坚逃出鸿门宴，反手就是一连串的屠杀。

杨坚接连以谋反的罪名杀掉赵王宇文招、陈王宇文纯、越王宇文盛、代王宇文达、滕王宇文逌，以及他们的家人，一时间血满长安。

诛杀五王之后，再也没有谁能阻止杨坚前进的步伐了，接下来发生的故事实在没有什么新意，朝中群臣开始纷纷上书，说随国公您是天命之人，赶紧顺应天命，带领我们大伙建立一个新的帝国吧，劝进了三次，杨坚说不能、不行、我不干，大家又劝进了三次，杨坚才一脸不愿意地表示勉强接受。

公元581年二月，40岁的杨坚创建隋朝，年号开皇，一个崭新的王朝喷薄而出。

而之所以定国号为隋,而不是自己世袭的随国公中的"随",是因为"随"字下面有走之旁,杨坚觉得很不吉利,为了让自己创立的帝国不"走之",于是定国号为"隋"。不过,从隋朝两世而亡的结果来看,他其实根本没有必要想这么多。

那段时期,毫不夸张地说,"宇文"两个字,完全是被鲜血浸泡的!虽然历史上历次改朝换代都会伴随着鲜血,但杨坚更狠,几乎将宇文泰的直系、旁系后代屠杀殆尽。

当然,对于杨坚来说,他的确有理由这么做,如果他不杀,前朝的皇子皇孙自然不会甘心失去自家天下,总还会想着如何复国,始终是个不安定因素,即使他们无心复国,也难保不会有人拥戴他们,或是打着他们的名号,聚众起事……

历史上,像赵匡胤那样的篡位者,委实不多。

但是,有一点杨坚要比赵匡胤,甚至是中国绝大多数帝王都要强,因为他是"中国历史上最伟大最有影响力的帝王"。

你没眼花!是"中国历史上最伟大最有影响力的帝王",当然,这是外国人封的。美国学者迈克尔·H·哈特在其作品《影响人类历史进程的100名人排行榜》中,只选择了两位中国帝王,而杨坚,排在秦始皇之前。

这个排名,只能说仁者见仁,智者见智吧。

晋王夺嫡，一路拼的是演技

杨坚当上皇帝的时候，岁数就不小了，于是一个非常严峻的问题摆在了他的面前——为了保证帝国大业千秋万载，万岁万岁万万岁，必须选择一个优秀的继承人，但是，选谁呢？

杨坚有五子五女，都是皇后独孤伽罗一人所生。并不是说杨坚有多么情根深种，实在是独孤伽罗的醋劲太要命。

杨坚和独孤伽罗彼此感情非常深厚，刚当皇帝那会儿杨坚为了爱妻不置嫔妾、六宫虚设，然而到了晚年，杨坚终于克制不住人性弱点了。

有一次，他在仁寿宫遇到了尉迟迥的孙女。当年宇文赟死后，杨坚矫诏辅政，除了五王搞暗杀，还引发了三总管起兵，势力最大的尉迟迥差点导致杨坚大业失败。后来，尉迟迥兵败，他的孙女沦为宫女，长大后那叫一个好看。抚今追昔，杨坚的内心充满了征服者的豪情，就来了个老夫聊发少年狂……

杨坚的"背叛"让一生骄傲自信的独孤伽罗遭到毁灭性打击。她悲愤交加，盛怒下杀死了尉迟小姑娘。

杨坚这边回味无穷，还准备下班再"狂"一下，谁知道憋着力气赶到仁寿宫，却发现尉迟小姑娘已经香消玉殒了。杨坚一气之下，骑着马向山中狂奔，死活都要出家当和尚。

最后，还是左右仆射高颎、杨素又拦又劝，才打消了杨坚出家的念头，长叹一声："我当皇帝，连寻欢的自由都没有！"又调转马头，回到后宫，独孤伽罗也低下高傲的头颅，主动谢罪，夫妇俩这才和好。

接着说接班人问题。

当时，距离武则天横空出世还有很长一段时间，人们并不知道女人也可以当皇帝，杨坚当然也是这么想的。所以，五个女儿首先被淘汰了。

剩余五个儿子，杨俊、杨秀、杨谅年龄尚小，断不能立为储君。远的不说，自汉以来，小皇帝被权臣欺凌、摆布、废除、篡位、诛杀，血淋淋的教训还不够吗？就他杨坚，不也是踩着9岁小外孙的尸骨登上帝位的吗？万一自己年纪轻轻，两腿一蹬……杨坚可不想重蹈覆辙，给小弟们留下下黑手的机会。那么，就只剩杨勇、杨广这两个儿子可以选择了。

杨勇，因为是嫡长子，最初被内定为王朝接班人。这哥们长得特别好看，还是个暖男，而且很会写辞赋，性格也率真，没有多少弯弯肠子。

但是，杨勇有两大缺点，让他爹妈看着很不顺眼：

一是喜欢奢侈品，一见到稀奇宝贝就爱不释手，他爹因此没少教育他。

二是喜欢漂亮女人。竟因为宠爱小老婆，把大老婆给活活气死了！

这还得了！独孤伽罗最容不得男人花心大萝卜，家里老头不就被她管得差点出家当和尚吗？仅这两点，杨勇就成了爹不疼妈不爱的存在。太子位，岌岌可危。

杨广，历史对他的评价是这样的：荒淫无度，残暴不仁！昏君队伍的代言人。

杨广究竟是什么样的人，不好信口雌黄，但肯定不像小说、演义中写的那么不堪。杨广那些奇葩事迹，大多数是唐朝人所写，被泼泼脏水也是很有可能的。

毕竟是帝王的命数，杨广还没出娘胎，就表现了与众不同的一面，别人家皇帝母亲都是什么梦与神遇、金龙入怀、瑞气环绕、彩光普照，他可能觉得太俗套，于是他娘生他时：

一条金龙突然从身子里飞出，足有十几里那么长，张牙舞爪。正在那耍酷呢，猛地一阵暴风把它给吹了下来，尾巴都摔成了好几段，疼得它瑟瑟发抖，缩成一团。他娘再定睛一看，哪里是什么金龙，倒像是黄牛般大小的一只大耗子。

杨广虽然有耗子精转世的嫌疑，但长得可不贼眉鼠眼，而是不折不扣的美男子一枚，而且这位美男子上马能开拓领地，下马能吟诗演戏，当之无愧的全能型人才。

杨广十三岁封王，并担任并州总管，负责管理整个山西的军政。

二十岁，杨广挂帅，担任灭陈总指挥。

南陈此时的皇帝叫陈叔宝，如假包换的昏君，最大的爱好就是喝花酒、宠媳妇，一点没有他太祖陈霸先的霸气劲。

南陈杀机四伏，有人跟陈叔宝汇报："老杨家那帮不要命的砍过来了！"

陈叔宝微微一笑："我有长江天险，怕个啥子呦！"

等到隋军一路破关斩将，杀到南陈都城建康城下时，陈叔宝才知道大难临头，但又不知道如何跟人家打仗，吓得跟祥林嫂似的每日神神叨叨、哭哭啼啼，最后哭来哭去，还真让他哭出一条"妙计"来。

话说隋军破了建康城，打进皇宫，耗子洞都挖开了，就是找不到陈叔宝。他还遁地走了不成？后来抓住几个太监，老虎凳、辣椒水，一通猛操作之下才知道，后主带着他的爱妃张丽华、孔贵妃投井了！

这是要殉情的节奏？问世间情为何物，直教生死相许……

等等，别想多了。隋军得到这个重要情报以后，"呼啦"一下就把井口合围了。只见陈叔宝和两个女人在井底挤作一团。

就这样，杨广轻轻松松灭了陈，大功一件，一时风光无限。而且，风光的还有那口井，因为和美人亲近过，从此得名"胭脂井"，就在南京，有兴趣的朋友可以去看一下。

说完武，再谈文，咱们看看下面这首诗：

寒鸦飞数点，流水绕孤村。

斜阳欲落处，一望黯销魂。

这是杨广写的《野望》，看着是不是特别亲切，特别熟悉，特别想不起来在哪里见过？别急，接着往下看：

枯藤老树昏鸦，小桥流水人家，
古道西风瘦马。夕阳西下，断肠人在天涯。

没错，马致远的《天净沙·秋思》，就是受了杨广的启发。
再来看这句：

"斜阳外，寒鸦万点，流水绕孤村。"

这句来头大了！它摘自著名作词家秦观的《满庭芳》，然而，雷同得简直令人发指！想来杨广如果泉下有知，不知道怎么洋洋得意呢？

杨广的才情，在中国的所有帝王中，也是数得着的。更可怕的是，杨广不仅能文能武，还很有城府！

这不，一见哥哥失了宠爱，杨广立马计上心头——伪装，于是，他在爹妈眼里成了这个样子：

独孤伽罗："这孩子很正经啊！这么大的一个王，只和媳妇一个床，要是将来当了皇，肯定远离温柔乡。"

杨坚："这孩子有正事啊！琴弦断了也不修，不把声色放心头；华服美食都不贪，不把享乐放心间。要是将来成了帝，肯定是个好皇帝。"

权臣杨素趁机添油加醋："太子大言不惭，对您二老一肚子怨言！"

杨广更是火上浇油，一把鼻涕一把泪："我大哥总想弄死我！"

于是，太子杨勇在亲爹亲妈，兄弟权臣的合力围剿之下，废了！

于是，心机男杨广终于如愿以偿地被扶正了，风风光光做起了大隋朝的太子。

时间转眼来到了公元604年。

这个时候，独孤伽罗已经带着对老公深深的不放心，不能瞑目地走了；

这个时候，杨坚已经老得不成样子，在体验过当皇帝的快乐之后，就剩下一口气了；

这个时候，杨广已经慢慢卸下了伪装，他开始思考，该如何来当这个皇帝了。

这一天，发生了一连串诡异事件。老皇帝杨坚正在养病，他最宝贝的宣华夫人抽抽搭搭地告诉他：你儿子杨广想占我便宜！

杨坚急怒攻心，连连高呼："独孤误我！独孤误我！"

一边恨着，一边急忙派人去把杨勇找回来，打算这就废了杨广，恢复杨勇的太子位，结果，被以杨素为首的"保广派"硬生生地给搅和了。

然后，杨广就急匆匆地进宫了，再然后，他爹就急匆匆地驾崩了。至于究竟怎么"崩"的，真相早已被历史所掩埋。

公元604年七月，杨广正式即位，史称隋炀帝。

大隋的亡，要怪杨广"太有作为"

杨广当了皇帝，天大的喜事啊，自然要大赦天下，不过有三个人却不在考虑范围内：

大哥杨勇。

四弟杨秀。

五弟杨谅。

不说别的，就从杨广对骨肉至亲的态度来看，他这个人就是冷血的、无情的、心狠的、手辣的，暴君这顶帽子，他是断然摘不下了。

然而，杨广虽然是个货真价实的暴君，但并不是个名副其实的昏君，不信大家看：

科举制——他带头整的！

大运河——他找人凿的！

丝绸之路——他叫人开的！

东都洛阳——他拉人建的！

杨广错就错在，他好大喜功，又近利急功。

想想看，这么多事一起干，而且到处修宫殿，压力让老百姓一并承担，谁受得了啊！

当然，如果杨广做完以上事情，就此打住，给老百姓一些休养生息的时间，结果可能就大不一样了，他甚至可能进入英主行列，他生命的结果可能会变得很美好。

可是，杨广总结了南北朝各国短命的根本原因，认为是："坐深宫，不与百姓相见。"于是，他决定世界这么大，到处去看看。于是有了三下江都、三次北巡。

杨广如此折腾，隋朝人民的承受力已经到了极限，可他依然我行我素，并表示"我性不欲人谏"。于是，在民力极限之下，他又穷兵黩武地向高句丽用兵，结果高句丽之战成了压垮他的最后一根稻草。

于是，当翟让振臂一呼："扶着爷，搀着娘，携着儿女去瓦岗，瓦岗寨上吃义粮！"天下乱了！东边有人扯旗，西边有人聚集，南边有人突袭，北边有人伏击……大隋江山被彻底撼动了根基，在风雨中飘啊飘，摇啊摇……

杨广这个时候还很淡定，带着大小老婆、贴身丫头、手下兄弟，在扬州吃喝玩乐呢，闲来无事他就对着镜子顾影自怜，口中念念有词："这么英俊潇洒的头颅，什么样的盖世人物才能砍去呢？"

杨广做梦也想不到的是，要他老命的并不是什么盖世人物，而是在他面前一直毫无尊严，只会溜须拍马、帮他问柳寻花的心腹小弟宇文化及。

这个曾经鲜衣怒马的帝王，这个一直雄心勃勃的皇上，这个风流多情的君主，这个才华横溢的天子，死后连口像样的棺材都没用上，就被萧皇后和宫人拆床板做了一个木头匣子，偷偷埋在了江都宫的流珠堂下。

杨广这辈子，有过也有功，骂他有理，赞他也行，怎么看待他，全凭个人好恶。如果非要整首诗来评价一下，皮日休那首《汴河怀古》恰当得很：

尽道隋亡为此河，至今千里赖通波。若无水殿龙舟事，共禹论功不较多！

篇二

东驰西击，四海归一，江山从此姓了李

> 事情成了这个样子，王世充心里也着急，但他没有反思自己，反而把错都推给了别人。于是，他开始杀人。怎么个杀法呢？只要有一个人不跟他混，他就杀人一家，要是一家都跑了，他就杀人街坊四邻。一时间，偌大个洛阳城成了一座庞大的监狱……
> ……

老李被娃坑，无奈太原起雄兵

杨广一不小心，死了！李渊"一不小心"，机会来了！

李渊，隋炀帝的大表哥，隋文帝的大外甥，前半生一直打酱油，还几次差点被砍头。

当时，社会上流行预言学，那些好逸恶劳的人全凭一张嘴到处骗吃骗喝骗银子，标榜自己可以窥破天机，预知未来，还给自己起了个挺高大上的名字——术士。

然而这种不靠谱的事情，皇帝们很愿意相信，不是他们脑容量不够，而是他们被权力冲昏了头。所以，各朝各代，为保卫皇权而制造的冤假错案，从未间断。也正因如此，隋炀帝一手导演了著名悬疑大剧——隋唐第一冤案之杀错人了！

据知情人透露，案情经过是这样的：

当时，有个叫安伽拖的江湖术士跑到杨广面前一通顺口溜："杨花落，李花开，花开花落转轮来""桃李子，洪水绕杨山。"又解释说，这预示着，李代杨，隋不长，请杀尽李姓保国邦！

这个建议实在太扯了！就算没事爱玩人肉烙铁的商纣王，也不敢干出这么灭绝人性的事儿，杨广不是憨子，当然不会傻到与全天下结仇，但他心里从此有了个结，天天盯着那些姓李的大臣，看到底谁头上能长出角来。搞得李宽、李渊、李洪整日汗流浃背。

等等，洪水绕杨山！这姓李之人名字中有水啊！李渊瑟瑟发抖……

然而李渊平时慎独慎微，没给杨广留下什么把柄，再加上这层亲戚关系，所以堪堪逃过一劫。

李渊脱身了，李浑就倒霉了。

李浑，人如其名，浑球一个，官居申国公。他能得到这份清闲又多金的工作，说起来，耍了不少流氓手段，相当地卑鄙，令人不齿。

李浑的大哥李惇倒是个人物，只可惜早早就去世了。按老规矩，老爷子李穆死后，就该由李惇的长子、李家长孙李筠来接班。

讲道理，就算接班的不是李筠，李浑前面还有好几个哥哥呢，而且个顶个都有两下子，这申国公的位置，拿筷子扒拉也扒拉不到李浑。但别人都没啥不同意见，就李浑跟那恨得牙根直痒痒。

人心一旦被邪恶支配，就会变成魔鬼，魔鬼害人的最直接方式，就是让肉体支离破碎。于是，李浑怂恿利诱自己的另一个侄子李善衡去干掉李筠，结果当然是，李善衡成功了！

李浑，你别看他浑，但论算计之深，他不输任何人。这不，刚刚下黑手整死了自己的大侄子，又把罪名安到了另一个与李筠有仇的侄子头上，结果，那个侄子的脑袋也搬家了。而他和李善衡就跟吃瓜群众似的，完全没受影响。

正统接班人李筠遇刺身亡，接下来最重要的工作，就是确定由谁来做这个家族话事人了。就像前面说的那样，在老李家，不管论资排辈，还是看能力说话，家族CEO都没李浑啥事。但他有个好厉害的大舅哥。

李浑的大舅哥就是宇文述，大反派宇文化及他爹，当时的太子杨广首席贴身保镖，而且与杨广还是儿女亲家。提拔个人，不过就是一句话的事。

李浑于是找到他大舅哥，拍着胸脯保证，这事如果你给我办成了，我每年拿出一半年薪给你喝花酒。宇文述可没有大公无私的觉悟，有钱不要，那是傻冒！

宇文述怎么也没想到，李浑这小子还是个老赖，过河就拆桥，事成就不认账。而李浑，钱是省下了，祸也埋下了。

须知，以利益结盟为基础建立的关系，一旦有了利益分歧，关系就不再靠谱，不仅各怀鬼胎，还有可能互相伤害。

李浑的单方面毁约，令宇文述恨得不要不要的，有一次他喝大了，当着朋友的面咬牙切齿地发誓：此仇不报我枉为人！

机会，总是格外垂青有准备的人。多年以后，江湖骗子安伽拖对杨广一通胡扯，宇文述就知道，自己报仇的机会来了！

趁着杨广罹患被迫害妄想症的档口，宇文述开始编排各种李浑有反兆的故事。杨广本来就对李浑起了疑，于是君王授意、权臣使计，活生生制造出一场含冤灭门的人间惨剧。

李浑死了，但李渊的危机并没有完全解除。

据正史、野史、说书史记载，杨广上位几次三番想弄死李渊，比较出名的有：

楂树岗唐公遇盗事件；

隋炀帝砍李射鲤事件；

李渊自污受贿事件。

合该李渊命大，杨广几次想干掉他，都被他有惊无险地躲了过去。杨广见一时间除不掉李渊，便把他扔到太原。

谁知道，这才是放虎归山。

老李家小二，就是后来拉风了1400多年的李世民，成了搅局者。

李世民有两个老铁：晋阳县长刘文静和晋阳宫副总管裴寂，仨人好得可以同穿一条裤子。这天，"晋阳三少"凑一块一合计，说瓦岗那边翟让起兵，天下群雄纷纷响应，杨广跟秋后蚂蚱似的，蹦跶不了几天了，不如咱们也反了他吧！

可是，小李又怕他爹老李犯倔不答应，于是仨人设计了一个圈套。

话说这一天，老李同志一时高兴多喝了几杯，结果迷迷糊糊就被搡进了晋阳宫。随后，裴寂挑选了几个晋阳宫美女，乘老李酩酊大醉之际，送到了李渊身边……

李渊同志一觉醒来，当时就吓得魂不附体，正准备趁没人发现溜之大吉，裴寂带着一脸坏笑款款走来："那什么，唐公，二公子有个计划让我转述给你听……"

李渊闻听"晋阳三少"的惊天计划，顿时将头摇的跟拨浪鼓似的，当场严词拒绝。

这时，裴寂幽幽来了一句："安排宫女侍奉，事情传扬出去，是要杀头的……"

其意不言而喻。

出于对自身性命的考虑，以及深深的舐犊之情，李渊同志最后还是动摇了，当下决定：反了吧。

李渊也是说干就干的行动派，反计一定，火速带领兄弟来到西安，强行把杨广的小孙子杨侑捧成了皇帝。

杨广万万没想到，自己就去江南玩耍了一次，就被李渊硬生生尊成了太上皇。

杨广被尊为太上皇没几天，又被宇文化及给勒死了。消息传来，举国上下沸腾了。

谁说女子不如男，公主为父守雄关

公元617年五月，李渊秘密派人去河东和长安，召回儿子、女婿，做好即刻起兵的准备。历史从此将平阳昭公主卷入了峥嵘岁月之中。

平阳昭公主自幼便有男儿气概,喜欢舞枪弄棒,后来虽然嫁为人妇,却一直没有将武艺生疏。在操持家政之余,她常常喜欢练上两招,令家童婢女们惊羡不已。她和丈夫柴绍举案齐眉的夫妻生活,也有不少是在切磋武艺和纵谈兵法之中度过的。对于随时变化的天下大势和父兄的举动,他们早已谈论过很多,并作好了思想上的准备。

这一天,平阳昭公主刚刚在花园里练完一路剑法,当她回到卧房准备擦去鬓角的汗水时,看见柴绍正在若有所思地踱着步子,神情既有些兴奋,又有几分顾虑和焦躁。于是忙问夫君发生了什么事情。

柴绍回答说:"你父亲将要起兵扫平乱世,我打算前去迎接他的义旗,一起离开不可行,我独自走后又害怕你有危险,到底应该怎么办呢?"平阳昭公主虽然心中不舍,但还是识大体地说道:"你应该赶紧离开,我是一个妇人,遇到危险容易躲藏起来,到那时自己会有办法的。"

于是,柴绍立即从小道直奔太原。而平阳昭公主则在后方进行各种安排。她很快动身回到鄠县(今陕西户县)的李氏庄园,女扮男装,自称李公子。

平阳昭公主到达鄠县之后,做的第一件事就是向家人下令:将庄园的粮库打开,赈济周围的灾民。这一举措正是她一路上思考的结果。平阳昭公主有着长远的眼光,她料定,父兄一旦在太原起事反抗隋炀帝,那么紧靠长安的鄠县李家庄园必然会招致朝廷的报复。与其到时候束手就擒,不如早做准备。开仓济贫,可算是为流离失所的灾民尽一份心,行一回善,而且既收买人心,制造声势,又可趁机招募流民纠集武装,从而保全家园,同时还能伺机响应父亲起兵。

开仓放粮的消息一经传开,到平阳昭公主庄园里就食的饥民络绎不绝。平阳昭公主以招收庄客的名义,从中挑选了一些年轻力壮的小伙子,组成了一支几百人的队伍。

平阳昭公主一面派人加紧打造兵器,一面亲自下校场操练军士。在教

篇二

东驰西击，四海归一，江山从此姓了李

之以攻战进退之法和骑射搏杀之术的同时，平阳昭公主特别注意申明严格的纪律。她军事方面的天赋此时初露峥嵘。很快，平阳昭公主打造了一支纪律严明、战斗力极强的队伍。

不久，李渊起兵的消息传到了关中。这边，平阳昭公主在鄠县也公开挑起了反隋的旗号响应。起事那天，平阳昭公主浑身戎装，英姿飒爽。她历数了隋王朝的苛政暴行，号召人们追随她的父亲李渊，为推翻隋朝统治、恢复天下的太平而战斗。一时间，乡民们欢声雷动。

接下来，平阳昭公主开始到处联络反隋的义军。以其超人的胆略和才识，在三个多月的时间里，就招纳了四五支在江湖上已有相当规模的起义军。其中最大的一支就是胡商何潘仁，当时他手下有几万人。平阳昭公主派家童马三宝前去游说何潘仁归降。不知道马三宝使了什么手段，实力远远超过平阳昭公主的何潘仁居然甘愿做平阳昭公主的手下。平阳昭公主收编了何潘仁后又连续收编了李仲文、向善志、丘师利等义军，实力大增。

平阳昭公主令出必行，整支军队都对她肃然起敬。在那乱兵蜂起的年月里，这支军队得到了广泛的拥护。老百姓将平阳昭公主称为"李娘子"，将她的军队称为"娘子军"。娘子军威名远扬，很多人都千里投奔而来。在此期间，朝廷不断派兵攻打平阳昭公主。平阳昭公主在军事上的直觉与见地，堪称天才，隋将屈突通就曾经在她手下连吃几场大败仗。她所率领的义军势如破竹，连续攻占了户县、周至、武功、始平等地。

公元617年九月，李渊主力渡过黄河进入关中，这时他很高兴地看到他的三女儿已经为他在关中打下了一大片地盘。他派柴绍带了几百骑兵去迎接平阳昭公主。接下来，平阳昭公主挑选了一万多精兵与李世民会师渭河北岸，共同攻打长安。柴绍属于李世民的部下，与平阳昭公主平级。夫妻二人各领一军，各自有各自的幕府（指挥部）。十一月他们兵打一处，很快就攻克了长安。

攻克长安之后，平阳昭公主再次为大唐的江山立下功劳。因为李渊当时虽然拿下了长安，但是他只是大致控制了半个关中，他的四周都是敌人。稳定长安后，李渊就要立刻掉头对付各路军阀了。平阳昭公主这时的主要任务就是防守李家的大本营山西，她驻守的地方就是娘子关。娘子关位于今山西省平定县东北的绵山上，为出入山西的咽喉，原名苇泽关，因平阳昭公主率数万"娘子军"驻守于此才更名娘子关。山西是中原和关中地区的屏障，无山西则中原和关中不稳，平阳昭公主率军驻守娘子关，目的就是为了防止敌人从这里进入山西。

据说平阳昭公主率领娘子军驻扎娘子关之后，凭借天险，修筑工事，严密布防，不给敌人可乘之机。

一次，刘黑闼部大举进攻，平阳昭公主眼见敌人来势凶猛，一面向太原告急，一面指挥娘子军与居民严防死守。由于关内军队兵力不足，娘子关的情况十分危险。面对数倍于己的军队，平阳昭公主心急如焚，在城楼上焦急地踱着步子想着主意，同时极目远眺，等待着援军到来。

忽然，她无意中看见远处田野上丰收在望的谷子，顿时急中生智，计上心来，于是，她下令城内军民立即收割、架锅、用新米熬制米汤，米汤熬好后，平阳昭公主又令部众乘夜色将米汤从关上全部倒入关前沟壑中。次日，娘子关前沟壑中米汤横溢，敌人哨兵发现后，疑为马尿，急忙报告主帅。主帅出帐观望，只见城楼上旌旗招展，军民喊声震天，战鼓擂动，便错误地判断援兵已到，由于害怕中了埋伏，敌人最终不战而退。待得知此乃平阳昭公主的疑兵之计时，太原的援兵已到，他们只能望城兴叹了。

长安之战后，平阳昭公主的事迹就不再见于史籍。直到六年之后的唐高祖武德六年（公元623年）二月初，史书上才突如其来地记了一笔她的死讯。而之所以会记上这一笔，还主要是由于她的葬礼与众不同，是以军礼下葬的——"前后部羽葆鼓吹、大辂、麾幢、班剑四十人、虎贲甲卒"。

据载，当时礼官提意见说，女人下葬用鼓吹与古礼制不合，李渊反驳他："鼓吹就是军乐，以前平阳昭公主总是亲临战场，身先士卒，擂鼓鸣金，参谋军务，从古到今何尝有过这样的女子？以军礼来葬公主，有什么不可以的？"于是特地破例以军礼下葬平阳昭公主，并且按照谥法所谓"明德有功曰'昭'"，谥平阳昭公主为"昭"。这就是后世称她为"平阳昭主"的由来。平阳昭公主，是中国封建史上，唯一一个由军队为她举殡的女子。

关于平阳昭公主的死因，后世有两种猜测：一种可能性是在与突厥作战时身亡。当时中国内乱，北方军阀包括李渊在内都和突厥结盟。利用突厥攻击自己的敌人。突厥也不把结盟当一回事，经常入侵。山西正是突厥经常侵犯的地区。另一种可能性则是在消灭刘黑闼部时，作战身亡。公元622年十一月，李渊派李建成统兵讨伐刘黑闼，开始双方互有胜负。直到十二月才将其彻底击溃。平阳公主驻守的娘子关就在前线，当然会率部参战。所以死在此一役的可能性是很大的。如果死于此时，则其尸体运回长安差不多要半个月。由于是公主，下葬的准备工作差不多也需半个月。则时间上也吻合。

薛举，你在我李世民手下走不过四步棋

在李渊举兵的同时，隋金城县（今兰州市）民众自发而起，反抗暴政，攻据村、堡。县令郝瑗随即招募数千人，让金城校尉薛举统率，前去镇压。

薛举容貌魁梧雄壮，骁勇善射，家里有钱，喜欢交结边地豪杰，在北方边地是一号人物。

那天，郝瑗分发铠甲，召集官民，大摆壮行酒，薛举和儿子薛仁杲及其徒党于座中劫持郝瑗，假称收捕谋反之人，随即起兵，囚禁郡县官员，

自称西秦霸王，建年号为秦兴，封薛仁杲为齐公，薛仁越为晋公。继而招附群盗，劫掠官马。兵锋甚锐，所至之处城池皆被攻下。

当时，隋将皇甫绾率兵一万人屯驻枹罕，薛举选精兵二千人前往袭击，与皇甫绾在赤岸相遇。战前，风雨突至，起初薛举一方逆风，而皇甫绾不出击。不久反风吹向对方，天色又很昏暗，军中队伍不整，薛举骑乘甲马率先出击，皇甫绾兵队大败而逃，薛举乘势攻陷枹罕。岷山羌钟利俗率众二万人归降，薛举兵势大振。进封薛仁杲为齐王，授职东道行军元帅，宗罗睺为义兴王，辅佐薛仁杲；薛仁越为晋王，兼领河州刺史。接着又略取鄯、廓二州之地。不过十天，尽据陇西之地，拥兵十三万人。

兵强马壮之后，薛举在兰州称帝，封妻子鞠氏为皇后，薛仁杲为太子，尊母亲为皇太后。在其祖先墓地建置陵邑，立庙于城南，陈兵数万人，出巡扫墓，然后大飨士卒。派薛仁杲围攻秦州（即天水郡，治所在今甘肃天水）；薛仁越前往剑口，攻掠河池郡，被河池太守萧瑀击退。薛举又派遣常仲兴渡过黄河进击李轨，与李轨部将李赟战于昌松，常仲兴战败，全军陷没于李轨。薛仁杲攻克秦州，薛举便将都城从兰州迁至秦州。

随后，薛举派薛仁杲进军扶风郡（治所在今陕西凤翔），遭遇汧源贼寇唐弼抵御，兵不能前进。这唐弼拥立李弘芝为天子，号称拥兵十万。薛举派遣使者诏谕，唐弼杀害李弘芝依附薛举。薛仁杲趁唐弼不备，袭破其军，尽收其众，唐弼仅率数百名骑兵逃走。薛举军势益盛，号称有二十万之众，筹划攻取长安。时逢李渊拥立隋朝代王杨侑为隋帝，入据长安。薛举便留兵攻打扶风，李渊派遣李世民率军击讨薛仁杲，双方交战，薛仁杲大败，唐军斩首薛仁杲军数千首级，薛仁杲撤回陇右，唐军追击至陇坻而还。

薛举畏惧李世民，便问其属下说："古时有投降的天子吗？"

黄门侍郎褚亮说："从前赵佗以南粤归降汉朝，蜀汉刘禅也出仕晋朝，近代萧琮，其家族至今仍在，转祸为福，自古皆有。"

已归附薛举做了卫尉卿的郝瑗则说："褚亮这话说的不对。从前汉高祖兵马屡败，蜀先主曾亡失妻小。作战本来就有胜负，怎能因一战不胜就言亡国之计呢？"

薛举觉得郝瑗说得很有道理，便改口说："不过是试试各位而已。"接着重赏郝瑗，用他做首席谋士。郝瑗建议薛举与梁师都连兵，送厚礼给突厥，合兵并力，东逼京师。薛举接受此议，与突厥莫贺咄设共犯京师。时逢都水监宇文歆出使突厥，劝说莫贺咄设停止出兵，因此薛举的计划未能成功。

李渊称帝后，派丰州总管张长逊进击宗罗睺，薛举率全部兵力前往救援，并进击泾州。唐朝以李世民为元帅率军予以抗击，李世民认为薛举军粮少，急于速战速决，于是决定守城不战，以拖垮他们。时逢李世民生病，刘文静与殷开山示兵于高墌，倚仗人多而未设防范，薛举诱使唐军出战时进行突然袭击，最后将唐军击败，唐军死者达十分之六，并俘唐朝大将慕容罗睺、李安远、刘弘基等。李世民见大势已去，领军狼狈逃回长安。

不久，薛举命薛仁杲进逼宁州（今甘肃宁县），郝瑗设谋说："现在唐兵刚被击破，将士多被擒获，人心动摇，可乘胜直取长安。"薛举表示同意。将出兵时生病，征召巫师看视，巫师说是唐兵作祟，薛举一听，吓坏了，不久就把自己吓死了。其子薛仁杲继位，谥薛举为武皇帝，结果未及安葬，薛仁杲就被唐军消灭了。

薛仁杲这个人不太会做人，还是太子时，就和大多数的将领有矛盾；等到继位后，众人心里疑忌不安，纷纷对薛仁杲表示不服。而薛举去世时，郝瑗又因伤心过度一病不起，薛氏的势力也从此逐渐衰落。

薛举刚死，李渊就再命李世民为元帅，征讨薛仁杲。

其时，骠骑将军刘感镇守泾州（今甘肃泾川北），薛仁杲包围了泾州。泾州城中粮食吃光了，刘感把自己骑的马杀了分给将士们，自己没有吃一点肉，只用煮马骨的汤拌了木屑吃。城池几次濒临陷落；恰好长平王李叔良带兵至泾州，薛仁杲于是扬言粮食吃完了，带兵向南而去。

随后，薛仁杲又派高墌人假装以城池投降唐朝，李叔良派遣刘感率部下奔赴高墌。

刘感到高墌城下，高墌城里的人说："贼人已经走了，你进来啊"刘感灵光一闪，下令烧高墌城门，城上人倒水浇下来，刘感试探出城里人是诈降，于是让步兵先回师，自己带领精兵殿后。一会工夫，高墌城上点燃三座烽火，薛仁杲的军队从南原大批涌下来，与刘感军在百里细川交战，唐军大败，连刘感都被薛仁杲抓获。

薛仁杲又包围泾州，令刘感向城中喊话："援军已经被打败了，不如尽快投降。"

刘感口头答应，到城下却大声喊道："反贼没粮食，像群恶狗，撑不了多久，咱们秦王率领几十万大军正从四面赶来，大家不要担心，努力守城，胜利是属于咱们的！"薛仁杲气坏了，把刘感活埋到膝盖，骑马射箭折磨刘感，而刘感声音愈来愈高昂、态度愈来愈坚硬，一直到死，不曾喊痛。李叔良环城坚守，瞬间泪目，可他仅能保全自己，无力援救刘感。

武德元年(公元618年)十一月，李世民到达高墌，深挖壕沟，高筑城墙，摆出了一心防御、避免野战的战略。这是李世民吸收上一次战败惨痛教训后走出的第一步棋。

当时，墌的秦军由宗罗睺统领，气焰嚣张，三天两头到高墌城门前叫阵，要引唐军出战。许多唐军将领血气方刚，按捺不住，主动请缨，都被李世民制止。李世民三令五申："敢言战者，斩！"总算让唐军上下统一了认识，此后宗罗睺再怎么派人叫骂，唐军就是一门心思装怂。

就这样，两军相持了两个多月。秦军的战斗豪情逐渐变成了屡攻不下的烦躁和焦虑，而唐军由于久不出战，憋的一股窝囊气也变成了越来越强劲的作战欲望。秦军长于野战而短于攻城，李世民卡在这里正好堵住了前往关中的要道，即使绕道而行也不免被唐军切断退路，逐渐陷入进退维谷的境地。军粮将近吃完，后方的补给又跟不上，秦军上下越来越惶恐不安。

不久，可能由于内部的倾轧，秦军将领凉胡郎、翟长孙等人率部归降，薛仁果的妹夫钟俱仇也以河州（今甘肃临夏）一带归唐。秦军此时内外交困，对策似乎只有撤军一途了。

此时李世民抓住了战机，走出了第二步棋。他分兵一支给行军总管梁实，命他率部在城南的浅水原上扎营。梁实于是在浅水原的险要处安营扎寨，做出准备野战的姿态。宗罗睺几乎已经要撤军，看到唐军终于"按捺不住"出城，顿时大为振奋。要知道，只要在野战中消灭唐军，就可以扭转这段日子以来的不利局面，清除东进关中的障碍。宗罗睺大喜之下，聚集全军精锐，一起由西向东进攻梁实的营垒。

梁实虽然出了城，战术上仍然严防死守。他凭借地形的优势据险安营，甘做缩头乌龟，决不出战。但野外的营寨毕竟比一座城池容易攻打得多。宗罗睺命令军队日夜不懈围攻梁实营，梁实军中很快就断了水，人马好几天都没有水喝，逐渐难以支持。宗罗睺看出便宜，进一步加紧了围攻。秦军上下像一根绷紧的弦一样，日夜不懈地运转起来。

但梁实也只是李世民谋算中的第二步棋。十一月七日，李世民走出了第三步棋：趁秦军精力消耗之际，派右武侯大将军庞玉率部赴援。庞玉并没有直接开赴梁实的营垒去解围，而遥遥地在浅水原南部摆开了战阵，隐然与梁实部形成了犄角之势，以夹击宗罗睺的秦军。

秦军的战斗力还没有耗尽，当发现在自己南面又有一支唐军出现时，宗罗睺便命四面围攻梁实部的秦军重新并在一起，转向南面，对庞玉军展开了大举进攻。秦军的机动骑兵快速集结起来，向南面推进。庞玉刚刚在浅水原上布好阵势，就发现自己面对的是整支秦军的主力。这支军队尽管已经初显疲态，却仍然不失其战斗力。隆隆马蹄声中，秦军铺天盖地而来，庞玉所率的唐军结成防御阵形，但却像脆弱的沙袋一样，难以抵御秦军骑兵潮水一般的攻势，几乎支持不住。

如果李世民只有这三步棋可以走，恐怕最终仍然不免落败。但李世民还有第四步棋,也是最终"将军"的一步,前三步棋实质上都是为这第四步服务的:他亲率两千名骑兵,打开城门,一马当先冲了出去。

原来当宗罗睺攻城之时,秦军当然是直接面向城门;而当梁实在原上安营扎寨之时,秦军被吸引向东方,久攻不下之后,南面又出现了庞玉部,于是秦军又转而向南,这样,秦军一步步形成背对高墌城南门的局面,因此李世民得以利用这一契机,从背后直捣秦军软肋。秦军经过两个多月的僵持和好几天的强攻之后,已经是强弩之末,机动性和战斗力都已经大打折扣,而唐军的主力骑兵这时才刚刚出动。在李世民的精心安排下,两军优劣之势倒转了。

此时秦军距离高墌城已远,由于思维定式,看到唐军从头到尾一味防御,根本没有想到唐军会突然从背后进攻。唐军骑兵快速穿过空旷的原野,出现在秦军之后,秦军毫无防备,被吓了一跳。宗罗睺的反应还算及时,很快便命秦军调转马头迎战,依然是气势汹汹。李世民当机立断,率几十名精骑冲入秦军阵中冲杀。先声夺人,最终在气势上压倒了秦军。看到主将的英勇,唐军大受鼓舞,史称"表里奋击,呼声动地",配合李世民的攻势,庞玉、梁实各部从各个方向发动反攻。秦军东西南北乱战了好几天,早已士气低落,此时再也抗不住唐军的狂攻猛击,陷入了彻底崩溃,主将宗罗睺狼狈逃向折墌城,许多队伍也快马加鞭,向陇西老家溃逃。后来唐朝专门有《秦王破阵乐》的舞蹈,表现李世民亲自披挂杀敌的英姿,据说"左圆右方,先偏后伍,交错屈伸,以象鱼丽、鹅鹳",可惜此舞早已失传,后人唯有凭空想象而已。

经此一役,薛仁杲被迫于十一月初八率兵万余出降。唐平定陇西,消除西顾之忧,保障了关中安全。

瓦岗败局：职业经理人干掉了企业创始人

瓦岗寨起义是隋末第一支大规模农民起义，但事实上，翟让并不是个农民。

翟让原本是东郡法曹，后来因犯罪被判了死刑。狱警黄君汉认为翟让不是一般人，于是在夜里悄悄对翟让说："哥们你这么牛的人物，哪能在监狱里等死呢？"

翟让心知活着有戏了，于是说："我如今就好比关在圈里的牲口，生死只能听从黄曹主的吩咐了。"

黄君汉当即给翟让打开枷锁，释放翟让。翟让再三拜谢，说："兄弟我这一越狱，曹主您怎么办呢？"

黄君汉发怒道："我本以为你是个大丈夫，可以拯救黎民百姓，所以才冒死救你，你怎么却像女人一样哭哭啼啼表示感谢呢？你就努力设法逃脱吧，不要管我了！"于是翟让逃到瓦岗，设立瓦岗寨。

与翟让同郡的单雄信，骁勇矫健，擅长骑马使矛，他招集年轻人前去投奔翟让。离狐人徐世绩家在卫南，17岁，有勇有谋，也前来投靠翟让，他们以瓦岗为根据地，故称瓦岗军。

瓦岗军以反抗隋朝的无期徭役、苛捐杂税和拯救饥民、推翻隋王朝为宗旨，深得民众拥护。当时，农民唱着"扶着爹、搀着娘、携着儿女去瓦岗，瓦岗寨上吃义粮"的歌谣，前来瓦岗参加义军。在很短时间内，瓦岗军发展到1万人。义军不断出击敌人，英勇无比，农民歌颂他们道："手执钺斧赛车轮，杀死杨广救穷人。"

瓦岗军的发展壮大,震惊了隋王朝。公元615年,隋王朝急命张须陀率兵两万余人前往镇压,一个多月,同瓦岗军打了大小30余仗。纵然双方力量众寡悬殊,但瓦岗军在翟让的领导下,和当地民众团结一致,浴血奋战,坚持斗争,终于击退敌人的多次进攻,保住了大本营——瓦岗寨。

公元616年,贵族出身的李密投靠瓦岗军,掀开了瓦岗败落的序幕。

李密早期曾在隋朝东宫当差,却因为言行不谨被杨广赶跑。杨广说李密:"这个人总是左顾右盼,不怀好意,不能让他待在宫中。"虽说杨广是个昏君,可对李密的评价倒是一针见血、相当到位。

客观地说,李密还是很有才干的,他向翟让建议:先取荥阳,在馆谷休整部队,待士马肥充,然后逐鹿天下。

翟让深以为然,率瓦岗军挥师西征。单雄信带领两千精兵,绕道插入荥阳西部,切断东都洛阳与荥阳联系的咽喉;翟让率大队人马破金堤关(今荥阳东北),继而拿下数座县城。荥阳太守杨庆急忙向隋炀帝请求救兵。隋炀帝又命张须陀前往镇压。翟让、李密、徐世绩、王伯当带领精兵,诱敌于荥阳大海寺背面树林里,一举歼灭隋军两万多人,张须陀被挑于马下而毙命,其余残兵败将吓得昼夜号哭,数日不止。瓦岗军从此威名大振。

接着,李密用奇计夺取隋朝最大的粮仓兴洛仓。瓦岗军夺仓后,开仓放粮,赈济饥民。这一举措令瓦岗军人数陡增到10万余人。

接着,山东宿城县令祖郡彦率众投奔瓦岗军,他所起草讨伐杨广的檄文,历数了杨广的十大罪状,激励了义军反隋的斗志。留守洛阳的越王杨侗,气急败坏,马上派虎贲郎将刘长恭带领两万人马前往镇压,结果在巩县东南石子河畔被歼多半,余众溃散,刘长恭落荒而逃。

虎牢关守将裴仁基,看到形势大变,便率部将秦琼、罗士信等全部人马投奔瓦岗军。义军还先后烧毁东都的天津桥、丰都市。夺取回洛仓。从此瓦岗军成为农民起义军的一面旗帜。

由于李密在屡次作战中所发挥的作用较大,在瓦岗军中的声威大振。

翟让自觉不如李密，于是便让位于李密，让他做瓦岗军首领，上尊号为"魏公"，李密则任翟让为司徒。

不久，杨广派王世充带领官兵10万余人，对瓦岗军进行镇压。他们在东都附近与瓦岗军相持百余日，于黑石关、石子河、回洛仓等处交战60余次，隋军节节败退。武阳郡丞元宝带幕客魏征等人投瓦岗军。东阿人程咬金看到隋王朝大势已去，也投奔瓦岗军。秋后，徐世绩在黎阳会集河北、山东义军，一举攻破黎阳仓，开仓放粮，一旬之间得兵20余万。

然而，就在形势一片大好，不是小好的时候，瓦岗军却发生了内讧。和所有的内讧一样，贪婪和猜忌是罪魁祸首。看到形势大好、前途无量，瓦岗军的首领很有可能在不远的将来成为皇帝，翟让的一些亲友和下属开始有点不甘心了。

先是部将王儒信劝翟让自己当大冢宰（百官之长，相当于宰相），管理所有的事务，把让给李密的权力夺回来。

翟让虽然文化不多，却是个豁达大度的人，他知道自己的才干比不上李密，压根没听王儒信的馊主意。

翟让、翟让，单听这个名字就知道人家是个懂得谦让的人，说什么也不会干分裂革命的事儿的。

然而，翟让的哥哥翟弘却是个大老粗，而且脑子有点不太好使，这时候也跑过来添乱，他对翟让说："兄弟，天子你可要自己当啊，怎么能让给别人呢！你要是不当，我可就当了啊！"翟让听了之后哈哈大笑，也没怎么当回事儿，李密听说了却很恼火。

翟让虽然具有很多优点，但毕竟不是神仙，他也有不少缺点，比如贪财、鲁莽，其实真正要命的并不是这些缺点，而是权力，他一天不死，李密的权力就随时可能被他拿回去。最起码，李密是这样想的。

当时有个隋朝的官员崔世枢来投奔李密，却被翟让抓住关了起来。翟让的要求很简单：把你的金银细软全部交出来就行了，不给就动刑。

有一次，翟让喊李密的秘书邢义期赌博，邢义期因为去晚了，被翟让打了八十杖。

翟让还曾对李密的秘书长房彦藻说："你上次攻破汝南，得到了不少金银财宝，全部都给魏公（李密）了，一点儿都不给我！要知道魏公是我一手推立的，还不知道以后怎么样呢。"房彦藻很害怕，就找到李密说："翟让刚愎贪婪，有无君之心，应该早点干掉他！"

这一天，翟让应邀带着兄长翟弘、侄子翟摩侯到李密那里喝酒。翟让的心腹猛将单雄信、徐世绩等人站在身后护卫，房彦藻、郑颋来来回回地查看。

李密说："今天我跟几位高官喝酒，不需要这么多人，只留下几个使唤的人就行了。"

李密的心腹们都离开了，翟让的心腹还都留在那里。

房彦藻说："今天大家在一起是为了喝酒取乐，天这么冷，司徒（翟让的官衔）的随从人员也喝点酒、吃点饭吧。"

李密说："一切听司徒安排。"

翟让想也不想，就说："很好。"于是让随从人都出去喝酒吃饭了，只有李密手下的蔡建德拿着刀站在一旁。在开饭之前，李密拿出了一张很好的弓给翟让看，翟让刚刚把弓拉满，蔡建德从翟让身后砍了翟让一刀，翟让倒在了血泊中。

一个胸怀坦荡的领袖死于阴谋。一个关于权力的阴谋。

接着，翟弘、翟摩侯、王儒信都被杀了。徐世绩想跑，结果被守门的士兵砍伤了脖子，幸亏被王伯当及时制止。单雄信跪下来磕头哀求，李密没有杀他。

翟让其他的手下很震惊，不知道该怎么办。这时候李密发挥了他的口才优势，他说："我与各位一起兴起义兵，是为了除暴安良。司徒却独断专行、贪婪暴虐、凌辱同僚、对上无礼。现在只杀他一家人，请你们不要干涉。"

为了安抚翟让的手下，李密让人把徐世绩扶到自己的营帐里，亲手为他包扎伤口。听说翟让的部队想散伙，李密就让单雄信前去慰问，随后李密又独自一个人骑着马进入翟让的军营去稳定军心，让徐世绩、单雄信、王伯当分别统领一部分原来属于翟让的部队，于是瓦岗军又恢复了安定。

李密灭翟让、击败王世充后，乘势取了偃师，修建了金墉城，聚众三十余万。这是瓦岗寨的全盛时期，也是李密个人最辉煌的时期。窦建德、朱粲、杨士林、孟海公、徐圆朗、卢祖尚、周法明等诸雄，纷纷遣使送来劝表，请李密黄袍加身。他的部下也群情涌动，要他早登九五。然而此时的李密还算明智，以东都尚未攻下为由，给拒绝了。

李密不是不想当皇帝，而是认为时机还没成熟。他眼下的目标，只是当天下讨隋的盟主。他认定要当成这个盟主，首先须得到李渊的承认，于是致书李渊，邀请唐军合作灭隋。

当时，李渊的力量不及李密，而且专意经营关中，正需要李密为他阻挡关外的隋军，就猛拍了李密一通彩虹屁。李密大喜，说："唐公推奖，天下不愁定矣！"

正在这时，政局突变，宇文化及在江都用练巾勒死杨广，立秦王浩为傀儡皇帝，自率十万大军北上，消息传到东都洛阳，王世充等人拥立留守洛阳的越王杨侗即位，改元皇泰。杨侗采纳了内史令元文都之策，授予李密太尉等高官厚禄，令其率瓦岗军征讨宇文化及。

李密投降杨侗，使瓦岗军丧失了反隋的斗争大方向，涣散了斗志。接着，李密按照杨侗旨意，带领精兵在卫州童山大战宇文化及。李密被流矢射伤落马，左右奔散，就在这命悬一线的危急时刻，被部将秦叔宝救回，并组织部队稳住了败局反取小胜。宇文化及部下万余人投降，迫使宇文化及改变了行军路线，率残部2万人北上。

李密按杨侗的许诺准备入朝领赏，部队行至温县，王世充已在洛阳发动宫廷政变，独揽大权。李密发觉自己入主洛阳的美梦被打破，只得回驻金墉城。童山之战，瓦岗军劲卒良马多死，士卒疲病，李密自己也险些丧命。从战略上讲，瓦岗军是得不偿失。

随后，王世充乘瓦岗军元气大伤，尚未休整之机，选精兵2万余人，兵至偃师，屯军通济渠南，架三桥于渠上，伺机与义军一决雌雄。

此时的李密骄傲自满，不再体恤将士，府库中没有什么积蓄，甚至打了胜仗李密都不把战利品分给将士们，使得瓦岗军将领离心离德。贾闰甫、徐世绩等人数度相劝，遭到李密的疏远；反而对贪财的邴元真言听计从。

公元618年，王世充乘势袭击瓦岗军，败瓦岗军数员骁将。李密得知后命王伯当据守金墉城，邴元真守洛口仓城，亲率精兵到偃师迎战。

裴仁基建议李密偷袭东都，但李密不听。王世充强渡洛河，双方大战于邙山脚下，王世充大破李密。瓦岗军的裴仁基、祖君彦、程咬金等被王世充所擒，邴元真、单雄信等人久不满李密，相继投降王世充，瓦岗军遭到重创。

李密东逃虎牢关，王伯当退守河阳。随后李密来到河阳，企图南阻河阳，北守太行，东连黎阳，卷土重来，但部属士气不振，李密无计可施，率2万义军入关中，向李渊投降。当年，瓦岗军战将秦琼、徐世绩、罗士信、程咬金等也都先后降唐。就这样，这支在推翻隋王朝过程中起过决定性作用的瓦岗农民义军，经过八年的浴血奋战，最后分崩离析，彻底瓦解了。

李密归唐，李渊大喜，封邢国公，还将表妹独孤氏嫁给了李密，称呼李密为弟。但李密不甘居于人下，对自己的处境非常不满。

同年年底，李渊派李密去黎阳安抚昔日的部众，王伯当随同前往。李密率部东行至稠桑驿的时候，李渊突然反悔将其召回，李密大为恐惧，决定叛乱。王伯当试图劝阻，但李密不听。李密率部袭破邻近的桃林县，掠夺畜产向南进入熊耳山，前往襄城投奔旧将张善相。

李密的所作所为被熊州副将盛彦师得知，盛彦师率兵埋伏在陆浑县南的邢公岘，李密率部经过，被盛彦师全部杀死，传首长安。李渊派人将李密首级送往黎阳招抚其余部。徐世绩献黎阳投降，请求收葬李密的尸首，得到李渊的允许。随后徐世绩将李密葬于黎阳山西南五里处，坟高七仞。

有民间传说，李密叛唐后，在唐军的追击之下，逃往河南景阳（今睢县金锁岭），因此睢县有"李密坐景阳"的传说。李密在此被唐兵击败以后，还想和唐兵决一死战，就和王伯当商量说："我听说此地不远有一座恒山，我们不如撤往那里，依据天险之势，还可以赢回几仗。"二人带兵向西北走了十来里地，来到恒山之前，看到的只是一个大土岗，根本不是心中想象的大石头山。后边唐兵越追越紧，杀声连天。李密再也无处可逃，于是仰天长叹："天灭我于此地也！"二人无奈拼命冲杀，怎奈势单力薄，李密中箭身亡，其最信任的爱将王伯当翻身下马伏于李密身上也被乱箭射死。李密、王伯当身亡之后，忽然刮来一阵狂风，飞沙满天，很快将两人的尸体覆盖，沙土堆积成了两个坟丘。这就是：李密误走恒山，旋风把坟来添。

王世充、窦建德——李世民一战平两国

却说李渊起兵之初，社会上比较强悍的主要有以下几股势力：

洛阳王世充，混血儿，立了个小皇帝杨侗，想挟天子令诸侯。

瓦岗寨李密，原杨广小弟，叛离后四处寄居，被翟让收留却反杀翟让，人品相当不咋地。

河北窦建德，很憨直的一条萌汉子，正统草根出身，粉丝兄弟无数。

杨广死了，这帮人半夜做梦笑醒了好几回，表面上却装得悲伤得不行，一个个撸胳膊挽袖子，非说要给杨广伸张正义。

前面说了，李密爱出风头，又被杨侗利诱，生怕这个好机会被别人抢去，火烧屁股似的带着小弟就动手了。果然重赏之下都是勇夫，宇文化及一露面就被打成了筛子，丢盔弃甲一通猛跑，结果半道杀出个窦建德，被一刀抹了脖子。

宇文化及处心积虑建立的大许国，亡了。

李密虽然打了胜仗，但也折腾得够呛，王世充一看，大好机会啊！趁你病，要你命！二话不说就抢了李密的山头。曾经大红大紫的瓦岗寨，灭了！

李密跑去投奔山西老李，可都这熊样了还不消停，又想鼓捣事儿，结果被办了家法，一命呜呼。

这一番互爆，原本的隋唐五霸，瞬时间变成了"兵甲三国"——李唐，王郑、窦夏。

至于刘武周、宋金刚这样的配角，不表也罢。

让我们把时间调一下，先从王世充平生说起。

王世充出身不好，祖上是胡人，姓支。王世充还没出生，他那漂亮奶奶就带着他爹改嫁到中原王家，因此姓了王。

王世充还有一种非常令人讨厌的气质，就是喜欢和人互怼，就算自己错了，也要强词夺理，我们身边也经常看到这种人，我们亲切地称之为"杠精"。

当然，如果说王世充就是个庸才，也不客观，毕竟能在乱世中拉起一支队伍干到称王位置的人，怎么可能没两下子？

王世充的发迹史，说起来就几个字：开局一把镔铁刀，一顿练级成土豪。

有才，这两个字很适合王世充。甭管正才还是歪才，这家伙确实有才。

王世充长大后，他爹王收已经做了省官，靠着拼爹，王世充年纪轻轻便步入政界，因为能说会道，混得很开，当上了江都郡丞，相当于今天的扬州市市委秘书长。

真正让王世充发迹的，是拍马溜须。

杨广每次来扬州玩耍，王世充都会挖空心思讨他欢心，哄得杨广神魂颠倒。杨广东巡，被突厥打了围，王世充二话不说召集兄弟就去救驾，一路上头也不梳脸也不洗，鼻涕一把泪一把，可把杨广感动坏了。

杨广是个靠感觉办事的主，王世充把他的感觉调弄好了，好前程自然跑不了了。

但如果说王世充往上爬只靠这些小伎俩，属实委屈人家了。说实话，王世充的军事才能也还可以，曾经扮猪吃虎，击溃了孟让10万余军队，让自己拥有了割据一方最早的军事班底。不过和才华横溢的李密比起来，还是不在一个等级。

王世充和李密曾经交过手，第一次遭遇，王世充就被打得落花流水，几乎赔掉了所有家底。战后，王世充把兄弟们召集起来报数，就剩下了千八百人。

不过，形势给了王世充喘气的机会。杨广在扬州遇害，李密和小皇帝杨侗便达成了停战协议。李密为了利益和沽名钓誉前去勤王，自损实力，当然，这也是因为他没把王世充放在眼里，于是给了王世充可乘之机。

王世充灭了李密，牛大发了，隐隐有成为中原王者之势。下一步，和历史上的每一次篡位一样，他要给群众们演戏了。

事实上，当皇帝真不是一个轻松活，不拿自己的脸当回事的还好，但凡拿脸当回事的、怕悠悠众口骂的、怕历史低评价的，都得演戏。不管是开国皇帝，还是守成皇帝，还是篡位者们，都得演戏。

王世充或许是历史上最倒霉的篡位者了，因为他碰到了一个犟脾气的小皇帝。

王世充："小杨，你给我加九锡。"

杨侗："你这是想篡位，想得美，滚一边去！"

王世充："那这么地，皇帝我先替你当，平定天下再还你。"

杨侗："你当我是脑子有问题啊！"

王世充想让杨侗和他一起演一幕禅让大戏，奈何杨侗死活不从。王世充一看，呦呵！我还治不了你了？关了！然后自己玩了一个禅让的独角戏，整个过程杨侗都没参与。王世充终于开始了他荒唐而又短暂的皇帝生涯。

当了皇帝，就应该有皇帝的样子，可惜王世充就不是做皇帝的料。瓦岗猛将罗士信来投，他竟然抢了人家的马给自己侄子。类似事件，多了去了，令王氏集团内部人心涣散，罗士信、程咬金、秦叔宝这样的顶尖人才统统弃他而去。

事情成了这个样子，王世充心里也着急，但他没有反思自己，反而把错都推给了别人。于是，他开始杀人。

怎么个杀法呢？只要有一个人不跟他混，他就杀人一家，要是一家都跑了，他就杀人街坊四邻。一时间，偌大个洛阳城成了一座庞大的监狱，甚至连宫殿里都押满了犯人。洛阳城，这个时候就是人间炼狱。

当一个人惹得天怒人怨的时候，就是他末日到来之时。用现在的话说就是，天要使其灭亡，必先令其疯狂。

王世充在一顿烂操作之后，终于迎来了他生命中最后一个，也是他终究无法战胜的对手——组团打怪第一人，大唐秦王李世民。

从历史的角度来看，不管王世充是不是那样能作，他和李唐的冲突都不可调和，不是你死，就是我活。李渊想要天下归唐，就必须灭掉隔壁老王；王世充即使想偏安一方，可人家都打上家门了，难道还把脸主动往上送？

唐武德三年（公元620年），李世民领队，浩浩荡荡杀向河南，大战一触即发。

篇二

东驰西击，四海归一，江山从此姓了李

按照当时李唐和王郑的实力来说，王世充虽然弱一点，但胜在本土作战，以逸待劳，又以守为攻，原本应该是有一番精彩的相互攻伐大战的。谁承想，刚一开战，王世充的手下就纷纷叛变，洛阳成了一座孤城，被围得水泄不通，王世充在城里，吃糠咽菜都成了奢侈。

吃，没得吃；降，又不想降，怎么办呢？王世充想到了谈判，毕竟咱老王当初也是靠嘴混饭吃的。然而，当你实力和对方完全不对等时，你又拿什么和对方谈判呢？于是，和谈破裂了。

既然不能握手，那就只能做对手。怎奈王世充此时根本不是李世民的对手，到了性命攸关的时刻，脸也不要了，低三下四向老对手窦建德求救。

窦建德虽然口头答应，心里头却憋着坏，想等王世充和李世民都打没家底，两败俱伤，他再去收拾残局，坐收渔利。这边老王望眼欲穿，左等不来，右等不来，心里不知将窦建德七大姑八大姨问候了多少遍，却也无可奈何。

王世充被窦建德摆了一道，心知等窦建德来救场，黄花菜都凉了，于是豁出去了，亲自跨马提刀，去找李世民拼命。

李世民虽然兵强人横，可横的也怕不要命的！这一仗直打得天昏地暗，横尸一片，双方都受了重创，李世民还险些把命丧。

窦建德一看，好，机会来了！接下来就是著名的虎牢关大战了。

洛阳城外，李世民坚否众将"风紧，扯呼！"的建议，分兵据守虎牢关，决定性的战役马上就要开始了。

如果窦建德不耍心眼，早一点来救场，两大势力前后夹击，李世民必败无疑。然而，这个时候的王世充，眼睁睁看着窦建德与李世民火拼，却没有能力出城帮忙。可叹窦建德一辈子憨厚耿直，好不容易使回坏，还把自己给装进去了。

在虎牢关，李世民假装轻敌，只带尉迟恭等四人出去散步，窦建德以为是老天给的大礼，兴冲冲地带着手下兄弟去打李世民的埋伏，结果被秦

叔宝、程咬金等人打了埋伏。

这其实是李世民打的一场心理战，他一个大王带一个二三个k，就敢到窦建德家门口耀武扬威，而且还大胜而归，简直就是"杀人诛心"的味道，它给窦建德团队造成的心理伤害是非常巨大的。

两伙人在虎牢关互相伤害数月，窦建德打赢的时候少，挨打的时候多，士气日渐低落，手下兄弟一个个跟霜打的茄子似的。李世民看准时机，率领精兵直扑窦建德大营，向窦建德发起了最后攻击。

窦建德大败，被俘。

李世民抓住窦建德，把他五花大绑拎到洛阳城下，王世充看着老窦，未语泪先流，三九天吃冰棍，这下彻底凉了。投降吧！

老李家本来只想"瓮中捉鳖"，围剿王世充，没想到窦建德主动送上门来找揍，放一枪打俩鸟，没过瘾呢，天下怎么就平定了呢？

虎牢关一战，令天下群雄胆寒，李唐从此一家独大，迅速扫清犄角旮旯，老百姓久违的太平盛世就要来了。

李世民在这一战中，将自己的打怪本事发挥得淋漓尽致，收获无数粉丝，为他成为大唐No.1积攒了雄厚的政治基础。老百姓眼中那个最英明神武的皇帝即将脱颖而出。

诛除刘黑闼，太子打了个漂亮的翻身仗

刘黑闼年轻时就是个二混子，狡诈蛮横，嗜酒好赌博，穷得叮当响，窦建德和他同乡，见他骁勇彪悍，时常接济接济他。后来，全国人民大起义，刘黑闼投奔郝孝德，啸居山林，不久归顺李密，成为偏将。

篇二

东驰西击，四海归一，江山从此姓了李

武德元年（公元618年），瓦岗军溃败，李密投降唐朝，刘黑闼被王世充俘虏。王世充一直听说他勇猛强悍，便让他担任骑将，守卫新乡。刘黑闼看不起王世充，不久率部逃回河北，投奔好友窦建德。窦建德大喜，任命刘黑闼为将军，封汉东郡公，并命他率兵东西袭击。窦建德有了什么谋划，必然命令他一个人负责侦察，经常乘隙钻进敌方偷看虚实，有时出乎对方意料之外，乘机猛攻，战果丰硕，军中称作"神勇将军"。

窦建德兵败后，刘黑闼不愿意降唐，躲藏在漳南县老家，种蔬菜自给，闭门不出。

但很快，一个消息的传来，让刘黑闼再也坐不住了！

那天，大唐官媒正式官宣：圣上决定，将反动派头目窦建德当街斩首！这还不算，李渊杀了窦建德以后，还强行召窦建德旧部前往长安，这摆明是要赶尽杀绝嘛！

李渊当时的想法也很简单，窦建德这帮人都是底层出身，群众基础好，如果留着他们，他们若有二心，振臂一呼，瞬间就能拉起一支队伍，给新生的大唐制造极大的麻烦。这种养虎为患的事情，李渊自然不会做。

不过，李渊这种斩草除根的做法，肯定会引发窦建德旧部的强烈抗议。大家聚一起一合议，此去长安肯定性命不保，扯旗造反最多也不过是命丧九泉，大丈夫纵然一死，为什么不死得轰轰烈烈？不要怂，反他！

但在起事之前，他们找了位算命先生给算了一卦。算命先生说，他们只有奉姓刘的为主，才能获得成功。当时大家首先想到的是窦建德旧将刘雅。可刘雅认为，天下大势此时已定，没必要再搞事情。众人大骂刘雅不忠不义，杀之而去。

众人又找到刘黑闼，表示要反唐。刘黑闼也早有此意，于是杀牛会众，招得百十号人，一举袭破漳南县城。后又大败贝州刺史戴元详、魏州刺史权威，尽收其器械及余众两千人。随即，刘黑闼在贝州漳南设坛，祭奠窦建德，自称大将军，正式大举起兵。并在半年之间，便全部恢复了窦建德

原先的地盘。

有了足够的兵马和地盘，刘黑闼便在相州自称汉东王，建年号为天造，任命范愿为左仆射，董康买为兵部尚书，高雅贤为右将军，将窦建德的夏政权文武官员全部恢复原职，定都洺州（今河北永年东南）。建立法规主持政务，全部效法夏政权的制度。

李渊眼见刘黑闼把事情越搞越大，心急如焚，忙祭出大唐秦王李世民。

其实李渊这样的安排并不妥当，要知道当时的河北人民对李世民恨之入骨，他们认为是李世民害死了自己的英雄窦建德，李世民在河北没有群众基础。

李世民也万万没有想到，自己会险些折在洺水之畔。当时，唐军中央和地方两路人马近10万人，兵力数倍于汉东军，居然一败再败，连大将罗士信都被人家给做掉了。这罗士信便是罗成的原型，初唐时期顶尖高手，连他都折在了刘黑闼的手上，可见汉东军的战斗力有多强悍。

就这样，双方你来我往，鏖战了两月有余。不过，战绩更好的刘黑闼首先坐不住了，因为他的粮饷保障很成问题，而李世民虽然屡遭败绩，但他背后有一个庞大的中央政府做支撑，不说别的，光靠耗他就能把刘黑闼耗死。

刘黑闼知道，这样下去肯定是不行的。他冥思苦想，还真想出一条好计。

这日，刘黑闼以小股部队伪装主力猛攻徐世绩大营，李世民中计，率军前来救援，被汉东军包围了。这在兵法上叫作擒贼先擒王。

关键时刻，尉迟敬德率领敢死队杀入重围，拼死救出了李世民。望着李世民遁走的背影，刘黑闼气得暴跳如雷。他知道，这样的机会一旦失去，便不可能再有了。

李世民死里逃生，回到大营，心有余悸，高挂免战牌。看来，这个刘黑闼要比窦建德更难对付，正面硬刚是占不到便宜了。不过李世民毕竟是李世民，他很快想到了一个一举消灭汉东军的方法。

当时，刘黑闼城中的军粮已尽，李世民料定他必然要来决战，预先命人堵住洺水上游，对守坝的官员说，战斗打响时，等刘黑闼军过河走到河中间就挖开堤坝。刘黑闼果然率领步兵、骑兵两万人要过洺水摆阵，跟唐军大战，河水汹涌而来，刘黑闼的人马无法过河，被杀死一万多人，被淹死几千人。刘黑闼和范愿等带着一千多人逃往突厥。

这一招，汉初的韩信用过，三国的关羽用过，后来宋朝的岳飞也用过，效果都好得出奇。当然了，代价是要牺牲一些自己人。洺水大战，唐朝方面死了多少人，史书上模糊带过，但很可能比汉东军还要多。

刘黑闼到达突厥后，拉了一个赞助，借兵再起，侵犯山东，而且比上次来得还要凶残：淮阳王李道玄战死，庐江王李瑗弃城而逃，齐王李元吉龟缩不出。

却说李世民在平定河北以后，为了巩固唐朝在燕赵大地的统治，对那些被遣散的窦建德、刘黑闼旧部采取了极端的高压政策。这帮人平日里但凡流露出半点对大唐的不满，或是有那么一点不遵守法纪，对不起，直接扔进大牢。一时间搞得河北人民人心惶惶，也激起了他们更大的仇视和反抗。

所以"前度刘郎今又来"，河北人民欢呼雀跃，高调拥戴，河北诸州郡纷纷举兵响应，十天时间，刘黑闼收复全部原有城镇，又在洺州建都。兵峰直指长安。

此时李渊也意识到，刘黑闼之所以能够如此迅速地东山再起，卷土重来，是因为人心所向，河北人民痛恨李世民。所以李渊决定，这次由太子李建成率大军讨伐刘黑闼。

其实，李建成并不像影视剧中演绎得那样昏庸无能。此次大战，李建成指挥得当，听取魏征建议：汉东军战俘只要保证不再投靠刘黑闼，就给钱释放回乡，保证既往不咎。这就是兵法所说的"攻心计"，换成今天的政治学术语，叫"政治诱降"。

这个策略效果极佳。当时，汉东军的粮草已尽，士气相当低落。得知唐军不会赶尽杀绝，于是，汉东军中开始大面积出现逃兵。今天跑一个，明天跑一双，后天跑一群……

刘黑闼眼见大势已去，便趁着夜色悄悄跑路。李建成发现后，率大军穷追猛打，刘黑闼且战且退，狼狈逃到饶阳城，回头一看，身边只剩百十号弟兄了，而且个个儿饿得前胸贴后背，双眼冒绿光。

这时，老刘任命的饶阳刺史葛德威及时出现了，率领兵士民众热烈欢迎刘黑闼光临饶阳城。刘黑闼大手一挥：兄弟们客气了！岂料，葛德威突然暴起，刘黑闼还没反应过来，已经失手被擒。随后，葛德威献城投降，并将刘黑闼送给李建成做见面礼。李建成在洺州将刘黑闼及其弟刘十善一并斩首，至此，山东平定，天下归唐。

可以说，在平定刘黑闼这件事上，真正的赢家只有李建成。

李世民曾经大兵压境，结果屡战屡败，最后虽胜，却未能诛除隐患，等于徒劳无功，砸了金字招牌；

李元吉挂着齐王的大名出征，声势弄得挺大，结果就是一个打酱油的角色；

而李建成不但在这次平叛中表现得可圈可点，充分向父皇及众臣展现了自己的军事才能，而且将幽州都督罗艺、庐江王李瑗、齐王李元吉一并收为"自己人"，并将山东、河北纳入自己的势力范畴，可谓一举三得。最关键的是，他成功遏制了李世民的上升势头，打了一个漂亮的翻身仗，李家兄弟的明争暗斗正式进入白热化阶段。

篇
三

浮光与掠影，从玄武门走出来的帝王模范生

> 公元626年七月的那天，李二公子跑进皇宫跟他爹附耳低语："爸爸，我大哥和四弟跟我小娘不清白！"
> 李渊怒了，决定第二天开堂过审，并邀李世民来做证人。李世民露出不易察觉的微笑，玄武门杀机四伏。
> ……   ……

李渊的失策：尾大不掉的天策上将

那一年，李二公子擒住王世充，干掉窦建德，平定中原，鲜衣怒马，意气风发，他想起临行前老爹对他说的悄悄话："二郎，你若灭了老王家，太子就是你的啦！"

李世民微微一笑，深藏功与名，率军疾行，回朝复命，背过人去，笑得不行。

他万万没想到啊，自己竟然被那位亲爱的老爹给忽悠了。

是的，所谓君无戏言的李渊戏言了，依旧以长子李建成为太子。至于老二李世民，其实也不差，除秦王外，封天策上将、太尉领司徒，三公之首占两个，尚书令兼中书令，三省又占俩。

这么说吧，相当于这个国家，首席亲王、三军总司令、总理、首相什么的，都他一个人干了，地位仅次于他的皇帝爹和太子哥，妥妥的大唐第三把交椅。

然而，像李世民这种千年等一回的人物，怎么可能甘心永远给人做辅助呢？

既然矛盾不可调和，早晚擦枪走火。

此时此刻，李渊的脑袋都快炸了，两个儿子，手心是肉，手背也是肉，不管选谁，都是故意伤害，老李一时也不知如何是好。

其实，正是李渊的婆婆妈妈，导致两个儿子的矛盾不断激化。想一想，如果他能早点剪除任何一个儿子的羽翼，断了其中任何一个人的念想，那么惨剧就不会发生。

事实上，这件事，李渊从一开始就失策了。

李渊从太原起兵到正式称帝，用了还不到一年时间，历史上历代王朝

篇三
浮光与掠影，从玄武门走出来的帝王模范生

筑基就没有这么快的，倒不是说李渊比刘邦、朱元璋更厉害，而是因为他本身就是关陇门阀集团的代表人物之一。

关陇集团最早源自宇文泰的八柱国，西魏、北周、隋都是在关陇集团的支持下建立起来的，而皇帝本人，都是关陇集团的门阀兼利益代表，李渊，其实是以关陇集团新代理人的身份建立唐朝的。

所以老李从太原起兵，一路进军赏个不停，几乎见人就发世袭国公的帽子，明摆着告诉关陇集团的重要人物们，我老李代表的是咱们关陇集团的权力和利益，只要大家支持我，好处大大的。所以李唐在关陇集团的支持下，得以以不正常的速度迅速发展壮大。

但凡事都有两面性，老李这样做，很大程度上使李唐政权成为了形同北周一般的西北军阀政权，朝堂上的利益基本都被西北军阀分割了。李渊的志向是"大一统"，他当然不希望朝堂之上一家独大，而早早的称帝又使他不能总是御驾亲征，所以才让李二公子当主帅主持统一战争，初衷不过是想通过自己的二儿子吸引全国各地的英才与利益集团，使朝堂上势力均衡。所以，老李给了李二公子诸多特权，比如允许他自行招降纳叛，开府治事，当然，老李也未必没有统一之后再把这个原本与皇位无缘的儿子当临时工舍弃闲置的心思。

然而，估计老李当时做梦也没有想到，他这个二儿子能力太强悍，野心又太大，给他个机会他就能反客为主，逐渐形成了尾大不掉之势。

虽然李渊也及时认清了这一点，采取了制衡之术，及时立李建成为太子，让李元吉也去参与统一战争。如此一来，内有李建成压制，外有李元吉竞争，似乎可以遏制李二公子的蓬勃发展之势。然而，李元吉实在不够争气，他二哥基本一路横扫，他却连太原老家都丢了，最后还是让李世民去给他收拾烂摊子。

本来想制衡，现在更加失衡了。李世民军功卓著，又会经营人设，征服了很多人才和武将，其帐下用人才济济都不足以形容了。

人才多本来对大唐来说是件好事，但坏就坏在，李世民不是太子，而

且正常情况下基本不会被立为太子，这就等于限制了他手下那帮人才的发展，而他手下的那帮人，哪一个是省油的灯？于是李世民就在半裹挟、半推半就的情况下开始了太子之争。

那么，统一之后，李渊如果想强行解决天策府，办不办得到呢？应该有一定的成功概率。但是，这样一来，一定会使刚刚建立的新王朝产生空前的动荡，我们来看看当时李世民手下都有哪些人：长孙无忌、尉迟敬德、房玄龄、杜如晦、宇文士及、高士廉、侯君集、程知节、秦琼、段志玄、屈突通、张士贵等。而且这帮人未必忠于皇室，他们只忠于秦王。

李渊若动手，等于一次性清洗了大半个唐朝开国功臣集团，这样的大手笔，就连中央集权第一人朱元璋都不敢尝试，老朱清洗功臣集团也是先分化瓦解，再找碴打击，步步为营地用了数十年才算大功告成。李渊若动手，成功也还好说，万一斩首行动不成功，让李世民带着这帮人逃出长安，另立山头，那么历史很可能就是另一回事了。

可以这样说，武德年间的李世民，远非朱棣式的带兵亲王可比，更是让韩信式的开国功臣望尘莫及。就算他是唐朝的朱棣加韩信，李渊堂堂开国之君，真下决心收拾他也有很大的成功概率。可惜，李世民早已超越了这个层次，彻底尾大不掉。

隐太子李建成，这一千多年太冤了

李建成其实和杨勇一样，本身并不坏，甚至称得上人才，但作为被消灭的失败者，只能忍受脏水泼过来，灵魂都带着无以复加的悲哀。

历史就是这样地扑朔迷离，不讲道理，有时你所看到的、听到的，其实都是假象，悠悠数千载，多少真相被人为地掩盖，多少人的冤屈最终化为尘埃。

但悠悠众口，毕竟堵不住，历史在被随意篡改的同时，也给我们留下了线索排查真相。

我们来看看那些年李建成都做过哪些事：

一、举办人才招聘会

李渊被杨广扔到山西，其实就动了心计，建了两大基地：太原与河东。

太原由李渊和李世民共同组建，河东则由李建成单干，李建成在这里做善事、交朋友、拢人心。来，看看这几位：薛万仁、冯立、马三宝、王珪、魏征，个顶个的大名鼎鼎。

二、打响西河第一炮

李渊造反，西河是打怪第一关，定基调的一战。李建成、李世民都派了去，李建成来到战斗一线，整顿团队纪律，慰劳手下兄弟，兄弟们受了刺激，打仗就像打了兴奋剂，9天便拿下西河战役。

三、智取重镇霍邑

李渊想立小皇帝，就必须经过重镇霍邑，却遭到狠角色宋老生顽强抵御。不仅如此，李渊现在四面环敌：北有突厥虎视眈眈，东有李密欲取长安，西有薛举引兵来犯，又有宋老生将前路阻断、刘武周偷袭太原。

这个时候，很多人都慌了，说快跑吧，别让人包了饺子。李建成、李世民虎躯一震："万万不可，干他就是了！"

李建成领兵，轻骑诱敌，重兵埋伏，前后夹击，斩宋老生于阵前，令突厥和李密胆寒。

四、平定河北刘黑闼

刘黑闼的事情，前文说过，这里再简单回顾一下。

最初，李世民先和刘黑闼开打，折了罗士信，自己还差点把小命留下。多亏刘黑闼后勤补给出了问题，才给了他可乘之机，翻过身一通猛打，把刘黑闼撵到了突厥门下。但李世民安民不得法，手段狠辣，政策高压，当地百姓打心底不服他。于是，李世民这边还陶醉在胜利中呢，刘黑闼就从境外借了兵马,迅速来了一个反击杀。

老二失手了,那就让老大上吧。李建成领了父命,按照魏征的鬼主意,玩起了"政治诱降"。

结果,不战而屈人之兵,这才是难得的上将。

明晃晃的事实摆在眼前,昏庸太子不昏庸,无能太子不无能,他配得上自己的名字——建功成业。

哪怕只论军功,李建成也可算是历朝开国太子中极为出彩的一个,远胜过汉刘盈、魏曹丕、隋杨勇、明朱标等人。更不要说他协助父亲在长安居中调度,裁决军国政务,开创"武德之治"的功绩。绝非唐书上所写的那般荒淫、昏庸、无能。

而从其历史上所表现出的才华气度来看,假如他能名正言顺地接班,假如给他些时间,他的成绩也许并不会逊色于汉文帝、宋太宗这样的君王,一个"太宗文皇帝"的谥号,应该是当得起的。

李建成的不幸,和他爸爸李渊一样,本身虽然具备不错的君王之才,偏偏遇到了史上最强的帝王之一,一个能力完全"太祖皇帝"级别、同时又心够狠的超级历史人物。

客观地说,李建成绝不是个孬人,而是大唐名正言顺,也是非常靠谱的接班人。如果由他来做皇帝,虽然可能没有李世民出色,但也未必有多逊色。

而大唐的建立,也绝不是李世民一个人的功绩。只是,李世民最后赢了。

血溅玄武门,李世民手段够硬

好了,了解了事情的前因后果,让我们正式进入到李建成与李世民的兄弟相杀中去。

篇三 浮光与掠影，从玄武门走出来的帝王模范生

李世民在荡平中原以后，突然想到一个问题：如果以后不打仗了，那么自己在战功方面的优势将逐渐被掩埋，相反，大哥的治国才能会越发明显起来。最后，自己什么也得不到，撑死了算作"开国第一功臣"。

更坏的是，这么多年，自己一直和大哥暗地较劲，一旦大哥上了位，自己岂不是小命不保？就算大哥有妇人之仁，但他那帮心腹手下不管为公为私，也断然不会放过自己！看来……

李建成那边，正如李世民所想，早有人屡次三番劝他赶快动手。这个人就是倔老头魏征。

魏征的名字早在我们上学时就已熟知，因为他总是和李世民一起出现，很多人都误以为他是李世民的老部下，其实不是。

魏征最初是李密的人，屡次向李密献计献策，但都不被李密采纳。后来，瓦岗寨败亡，魏征几经辗转投了唐，被安排做李建成的太子洗马。这里必须解释一下，所谓"太子洗马"，并不是给太子洗坐骑的官，他的主要职责是向太子献计献策。

李建成和李世民兄弟明争暗斗，矛盾愈演愈烈。魏征看在眼中，急在心头，多次劝告李建成，设法将李世民调离都城长安，毕竟一山不容二虎，江山不容二主。

但李建成并未认真听取魏征的意见。

李元吉则更直接："大哥，我帮你除掉他吧！"

李建成沉吟许久，顾念亲情，摇头未允。

说到底，李建成是败给了自己的妇人之仁。

兴许是功高震主，兴许是野心暴露，李世民种种夺权举动终于惹怒了老爹。一时间，天策府的谋臣猛将被纷纷调离，为李世民暗中经营洛阳根据地的心腹屈突通也受到牵连。李二公子成了被拔去尖齿和利爪的老虎，威风尽失。

被逼红眼的李世民终于决定不再犹豫，他要孤注一掷。

公元626年七月初一，李世民密奏李渊，告发李建成和李元吉与后宫

嫔妃关系过于亲密，而且说："我丝毫没有对不起大哥和四弟，现在他们却一心想除掉我，是打算替王世充和窦建德报仇吗？如今儿子即将含冤而死，最遗憾的是，不能永远地侍奉父皇了，最羞耻的是，到了九泉之下，见了王世充那帮贼人，被他们幸灾乐祸！"

李渊闻听此言，惊讶不已，当场表示："朕明天就审问此事，你早点过来旁听吧！"

那边，李建成、李元吉也已得到消息，二人商议决定，备齐兵马，以防万一，并携手入宫，逼爸爸表态支持谁。

他二人万万没有料到，宫城北门玄武门的执行禁卫总领常，表面上是太子的人，实际上却是李世民早已安排进禁军的亲信，因此宫中卫队此时已经倒向李世民，李建成和李元吉却被蒙在鼓里，还以为宫中都是自己人。

七月二日，李世民率长孙无忌、尉迟恭、侯君集、张公谨、刘师立、公孙武达、独孤彦云、杜君绰、郑仁泰、李孟尝（一说为长孙无忌、尉迟恭、房玄龄、杜如晦、宇文士及、高士廉、侯君集、程知节、秦叔宝、段志玄、屈突通、张士贵）等人入朝，并在玄武门设下伏兵。李建成、李元吉二人不知底细，也一起入朝，骑马奔向玄武门……

一场兄弟相残的残局就在这一天发生了。

玄武门之变是李世民生命中最重大的转折点，它将李世民一举推上了大唐权力的巅峰，然而，不可否认的是，这场饱受非议的历史事件，也是他心头永远抹之不去的伤疤。

为了这件事，李世民专门找到当时负责《起居注》的褚遂良，问道："爱卿负责起居注，记的是都是什么事，我可以看看吗？"

褚遂良耿直地回答："现在的起居注，就是古代的左右史，记的是人君的一言一行，而且善恶都记，作为约束警戒，这样人主差不多就不会胡作非为了。臣还没听说过有哪位帝王亲自查看史官的记录呢！"

李世民又问："我有什么地方做的不好，爱卿也必须记下来吗？"

褚遂良说："臣的职责就是记录，所以人君的举动必须记下来。"

李世民在褚遂良那里碰了个软钉子，又不好发作，但他还想看看史官对于这件事情怎么说，怎么办呢？房玄龄好说话。

于是李世民又找到监修国史的房玄龄，提出看国史的要求。房玄龄起初也是拒绝的，然而李世民坚持要看，房玄龄不好忤逆圣意，便让步了。总算李世民还是个有素质的帝王，只是看史，并未改史，当他看到玄武门事变的内容含糊其词时，还表示："就按事实写，直书其事！"末了意味深长地说了一句："我还不是为了天下苍生嘛？"

然而，这就是全部的事实吗？

就这样，李世民华丽丽地成了帝王直接干预修史的典范。

李世民这句话，其实是给玄武门事件定了性：我是为老百姓的幸福着想，不得已才杀掉祸国殃民的太子建成和齐王元吉，我这是大义灭亲，我才是最痛苦的人！

说白了，这就是一场残酷的政治斗争。成王败寇，李世民赢了，历史由赢家说了算。

然而，不管史官怎样极力粉饰，不管他自己怎样费尽心思，在李世民内心深处，玄武门都是一个死结。这导致他经常失眠，一闭上眼就仿佛有无数冤魂纠缠，天天吓得一被窝冷汗。

为了治好李世民的失眠多梦症，秦叔宝和尉迟恭两个猛男主动请缨，要给老大看门，不因为别的，就因为他俩长得最丑，能把鬼都吓走。这就跟咱们平时开玩笑说，要把某人相片挂在床头上辟邪，是一个道理。

你还别说，这招挺灵，但天天加班站岗，血肉之躯谁受得了，于是弄了两张大头贴，往门上一贴。这就是"门神"的由来。

兴许是"玄武门"在心里种下的因，李世民非常在意自己能不能当一个明君，因为只有得到天下人的心，才能让玄武门事件看上去名正言顺。

李世民，可以说是历史上数一数二，当得战战兢兢、如履薄冰的皇帝了。

李世民确实也做到了，他配得起自己的名字——济世安民。

在内心的不安与鞭策下,李世民变态般地要求自己,他和他的兄弟们开创了大唐的第一个盛世。我们叫它贞观之治。

其实,历史除了史实,更多的是由人心所写。老百姓最在意的是,这个帝王给了自己怎样的生活。李世民确实让唐朝百姓过得很好。所以好皇帝的人设早已根深蒂固,至于是不是篡改过历史,过去了就让它过去吧。

击东突厥,破吐谷浑,李靖霸道

李世民刚登上皇位没多久,突厥颉利可汗趁唐朝皇帝更替之机,决定干唐朝一票,率十几万精锐骑兵长驱直入,兵临渭水便桥之北,不断派精骑叫号挑战。

当时,李世民征调的诸州军马还在路上,长安市民能拿兵器打仗者也不过几万人,形势十分危急。这种情况下,李世民迫于无奈,只能低头与颉利可汗结盟,突厥才肯退兵。

事后,吃了亏的李世民十分恼火,当即升职李靖为兵部尚书,为干架作积极准备。

此后不久,东突厥内部发生了变乱,所属薛延陀、回纥、拔野古诸部相继叛离,又恰遇暴风雪,羊马死亡甚多,发生了大饥荒,族人纷纷离散。

李世民一拍大腿:机会来了!遂命李靖为定襄道行军总管,以张公瑾为副,发起了强大的军事攻势。又任命并州都督李绩、华州刺史柴绍、灵州大都督薛万彻等为各道总管,统率十几万军队,分道出击突厥。

贞观四年(公元630年)正月,朔风凛冽,李靖率领三千精锐骑兵,冒着严寒,从马邑(今山西朔县)出发,向恶阳岭挺进。颉利可汗万万没有想到唐军会搞突然袭击,一时间与部下大眼瞪小眼,众人无不大惊失色。

他们判定，如果唐兵不倾国而来，李靖决不会孤军深入，自己把自己都吓坏了。

李靖探知这一消息，使了一出离间计，颉利可汗的亲信康苏密前来投降。李靖迅疾进击定襄，在夜幕掩护下，一举攻入城内，俘获了隋齐王杨暕之子杨正道及杨广原配萧皇后，颉利可汗仓皇逃往内蒙古二连浩特。李靖因军功晋封代国公。

在李靖胜利进军的同时，李绩也率军从山西大同出发，与突厥军在呼和浩特遭遇。唐军奋力冲杀，把突厥军打得溃不成军。颉利可汗一败再败，损失惨重，遂退守铁山，收集残兵败将，只剩下几万人马了。

颉利可汗处于山穷水尽的境地，他派人入朝请罪，表示愿意给唐朝当小弟。其实，他这是缓兵之计，只是为了争取时间，等到草青马肥之时，再卷土重来。

李世民让李靖率兵迎颉利可汗入朝。李靖与李绩谋议说："这哥们显然是口服心不服，他虽然吃了败仗，但势力犹在，要是让他遁入大漠，以后再想办他可就难了。现在咱们的安抚使在他那边，他一定会放松警惕，不如兄弟我带1万人马给他来个突袭，擒住他应该不是难事。"李绩表示，李兄说得对！

当夜，李靖前锋苏定方率领的两百余骑趁着大雾，悄然疾行，直到距牙帐七里远的地方才被发觉。如同惊弓之鸟的颉利可汗慌忙骑马逃走，突厥军也四散而逃。李靖大军随即赶到，杀敌1万余人，俘虏十几万，缴获牛羊数十万只（头），并杀死隋义成公主。颉利可汗率万余人想北过大漠，被李绩挡住了，不能北逃，其大酋长皆率众投降。不久，颉利可汗被大同道行军总管任城王李道宗擒获，并送到京师。东突厥从此宣告灭亡了。

自隋朝以来，突厥一直是西北的强国。李靖等人灭了东突厥，不仅解除了唐朝西北边境的祸患，而且也洗刷了李渊与李世民向突厥屈尊的耻辱。因此，连退了休的李渊都欣喜万分，他把李世民及朝中重臣十几人，还有诸王、王妃、公主等召至凌烟阁，设宴庆祝。老人家一时兴起，还亲自弹起了琵琶，李世民也翩翩起舞，大臣们也接连起身举杯祝贺，大家一直嗨到深夜。

李靖虽然在战场上是个猛人，叱咤风云，却性情沉厚。御史大夫萧瑀嫉妒李靖功高，弹劾他治军无方，在袭破颉利可汗时，纵容士兵截留珍宝文物，请求司法部门予以审查。李世民也没查明情况，便特赦不得审查，但在李靖入见时，却对他严加责备，李靖也不申辩，只是顿首谢罪。事后，李世民才发现冤枉了人家，为了安抚——赏钱、升官。

经过这些事李靖深刻感受到了官场的黑暗与君王的难伴，于是担任宰相职务刚满4年，便一再向李世民表示：皇上，我有病，请您让我回家养病！

李世民明白李靖的心思，对他这种行为也非常欣赏，大力表扬并嘉奖。

可此事还未过两个月，就发生了吐谷浑进犯凉州的事件，朝廷决定兴兵反击，李靖是最为合适的人选，可惜病还未好。

然而，这位年逾花甲的老将军一听要打仗，顿时就来了精神，也顾不上自己年事已高并且身患病恙，主动去求见宰相房玄龄，请求挂帅，亲自远征。

李世民大喜过望，任命李靖为西海道行军大总管，又分别任命兵部尚书侯君集、刑部尚书任城王李道宗、凉州都督李大亮、右卫将军李道彦、利州刺史高甑生等五人为各道行军总管，统由李靖指挥。于是一场大规模的反击吐谷浑的战争序幕拉开了。

李靖奉命赴任之时，正值寒冬腊月季节。他一路踏着冰雪，风餐露宿，备尝艰辛。翌年闰四月，唐军在库山（在今青海天峻）与吐谷浑交战，李道宗部大败吐谷浑，唐军首战告捷。

狡诈的吐谷浑可汗伏允一面往西败退，一面令人把野草烧光，以断绝唐军马草。干草已被烧光，春草尚未萌生，诸将大都认为战马瘦弱，不可长途追击。侯君集则认为，应该一鼓作气，斩草除根。李靖完全赞同他的意见，决定不给敌人喘息的机会，于是兵分两路：李靖与薛万均、李大亮等从北道，侯君集、李道宗从南道，两路大军一齐进发。

李靖亲自率领的北路军进展顺利。不几天，其部将薛孤儿于曼头山（今属青海）击败吐谷浑军，杀其一王，用缴获的大批牛羊充作军粮。接着李靖的主力军也先后于牛心堆、赤水源两次大败吐谷浑军。侯君集、李道宗所率南路军进展也很迅速，他们深入荒漠2000余里。这里荒无人烟，温差变化大，有时酷热难忍，有时寒冷得令人战栗。有时无水，他们只能刺马饮血解渴。唐军克服了种种困难，长途奔袭，终于在乌海（今青海兴海）追上了伏允可汗，又大败其军，俘其一王。薛万均等于赤海也打败了吐谷浑的天柱王军。

李靖都督各军继续进击，又连战告捷。李大亮军于蜀浑山击败吐谷浑军，抓了吐谷浑封王者20人。唐军乘胜进军，经过积石山河源，一直打到吐谷浑西陲且末（今新疆且末）。部将契苾何力追击伏允可汗，破其牙帐，杀数千人，缴获牛羊20多万头（只），并俘虏了其妻子。

伏允可汗率一千多骑兵逃到碛中，已到了山穷水尽的地步，部下纷纷离散。不久，伏允可汗为部下所杀。其长子大宁王慕容顺杀死天柱王，率众降唐。李靖率军经过了两个月的浴血奋战，平定了吐谷浑，并向京师告捷。唐朝廷为了控制吐谷浑旧境，封慕容顺为西平郡王、趉故吕乌甘豆可汗，并留下李大亮协助防守。

在进击吐谷浑时，利州刺史高甑生任盐泽道总管，未按期到达，贻误了军机，受到李靖的责备，他心怀不满。战事结束后，即串通广州都督府长史唐奉义诬告李靖谋反。李世民令调查此事，弄清事实真相，判定高甑生以诬罔罪减死，流放边疆。从此，李靖深居简出，闭门谢客，明哲保身。

不久，李靖以功晋封卫国公。贞观十七年（公元643年），又与长孙无忌等二十四人图像于凌烟阁，尊奉为功臣，并进位开府仪同三司。

高昌王不服，我们就打到他服

贞观十三年（公元 639 年），高昌王麴文泰断绝西域与中原的商业往来，李世民很不爽，约谈高昌王，但麴文泰表示：我有病，我去不了！

李世民觉得自己的面子和自尊以及大唐利益都受到了严重伤害，于是准备进兵西域，直接介入了西域的政治、军事斗争。

当年十二月，在吐谷浑战争中表现突出的侯君集被任命为交河行军大总管，薛万均被任命为副总管，率步骑兵 20 万及突厥、契苾之众征讨高昌。麴文泰以为唐离高昌有 7000 里之遥，沙碛阔约 2000 里，地无水草，气候异常，唐朝不会以大兵相加。等到听说唐军已到达碛口，这位西域大王一下子惶骇无计。未见唐兵，竟活活吓死了！其子麴智盛嗣立。

侯君集率兵进至柳谷时，探马禀报说麴文泰近日即将安葬，高昌国内人士都聚集在葬地。诸将听到这个消息，乐了，纷纷请求趁机进行突袭。侯君集不同意，说咱们天朝正义之师，怎么能趁别人举行葬礼搞突袭呢？这不是人干的事儿，不能这么干！于是擂鼓进军，进抵田地城。

高昌得知唐军到来，紧闭城门，坚守不出，侯君集下书招降，高昌守军也不回应。侯君集先礼后兵，于清晨发动进攻。在出征前，李世民深知远途作战，既无援军，又无后勤保障，所以必须速战速决，为此征集了一些善于制造攻城器械的工匠给侯君集。侯君集全都用上了，什么推撞车、抛石车等等一齐上阵，高昌人抵挡不住这些高科技武器的进攻，到了中午便攻下田地城，男女 7000 余人成了俘虏。

侯君集随即命中郎将辛獠儿为前锋，于当夜直趋高昌城。麴智盛率军迎战，被击败后死保都城。唐军直抵城下。麴智盛走投无路，便给侯君集写信说："得罪大唐天子的是我爸爸，可是他已经死了啊，我才继位几天啊，不关我事，跪求放过！"侯君集答复道："你要知道错了，就束手就擒，我保你性命无忧。"但麴智盛仍坚守不出。

侯君集怒了，命将士填堑攻城，又造高 5 丈可以俯瞰城内的巢车，对城内动静了如指掌。城内行人走动以及飞石所中目标，在巢车上的人都大声告知唐军，以致高昌人皆在屋中躲避飞石。在唐军猛烈的攻势之下，高昌守军既无进攻之力，也无防守之力。唯一的希望，就寄托在友军西突厥的支援了。

唐军的凌厉攻势，把西突厥人也震住了，欲谷设还没等高昌战役结束，便急急离开可汗浮图城，将守城的任务交给大将，一口气向西跑了1000里。西突厥驻扎在可汗浮图城的将军向唐军投降。

麴智盛见大势已去，被迫开门出城投降。侯君集继续分兵略地，共攻下 3 郡、5 县、22 城，得户 8046，人口 3.77 万，马 4300 匹，占地东西 800 里，南北 500 里。唐在其地置西州，在可汗浮图城置庭州。二十一日，又置安西都护府于交河城，留兵镇守，而后刻石纪功而还。

侯君集入高昌时，私取宝物；将士也竞相盗窃，侯君集自身不正，不敢禁制。还朝后，被人揭发，下狱，虽得免罪，却没有奖赏，他心怀不满。后洛州都督张亮密告他煽动自己谋反，李世民认为两人对话，别无旁证，没有追究。这时，太子承乾屡有过失，魏王李泰争立，两人各自树立徒党，侯君集与承乾结纳。有人告发承乾策划政变，结果承乾被废黜，侯君集也被杀。

李绩，薛延陀就由你来摆平吧

薛延陀居于漠北，原本是匈奴别种铁勒之一部，最初和薛族杂居，后灭并延陀族，称为薛延陀，官制和风俗，与突厥差不多。

贞观二年（公元628年），西突厥内乱，夷男率部落七万余户归附东突厥，谁知运气不好，碰上颉利可汗的残暴统治。夷男带领大家武力反抗，颉利可汗派大军镇压，反被夷男所败，颉利可汗部众不少人都反了水，大家共推夷男为可汗，夷男不敢当。

这时，李世民正在设法削弱颉利势力，认为团结夷男，有利于唐对东突厥最后的反击，便遣游击将军乔师望暗里联络夷男，封夷男为珍珠毗伽可汗，夷男大喜，遂成立了薛延陀汗国，与东突厥分庭抗礼，并遣使入贡，成为唐在漠北的一个附属藩国。

薛延陀汗国成立后，回纥、拔野古、阿跌、同罗、仆骨、霫等少数民族纷纷归附，夷男做大，有精兵数万。夷男派遣其弟入贡，李世民赐以宝刀及宝鞭，对他说："这就和尚方宝剑一样，你手下罪大恶极者用剑斩他，小罪者用鞭子抽他。"夷男得到李世民这样的鼓励，更不把颉利可汗放在眼里，频频出兵攻击。颉利可汗腹背受敌，只好遣使入唐称臣。

唐灭东突厥后，把大多数东突厥部众迁到黄河以南安置，设置了很多羁縻州府，委任原东突厥贵族担任州府长官。这样一来，朔塞空虚，薛延陀趁机迅速扩大势力，占据了大部分原东突厥的地盘，有精兵20万，夷男进入了人生的巅峰。

东突厥降众得到唐的优待使薛延陀嫉妒心理发作，他们认为唐应当更照顾它这个昔日的盟友，而不应像爱护孩子一样爱护东突厥这个阶下囚。故而，在东突厥部众面前，薛延陀人总是趾高气扬，一副盛气凌人的样子。

贞观十三年（公元639年），李世民安排阿史那思摩重返草原，东突厥人早看到薛延陀不安好心，不愿出塞。于是李世民遣司农卿郭嗣本出使薛延陀，赐夷男玺书，大意是：

"当年大唐灭东突厥，并不想占其土地，只想赶颉利下台。现在东突厥部众繁衍已多，按照当初的计划，安排他们回归故土。大唐册你薛延陀可汗为大，突厥可汗为小。你在碛北，东突厥居碛南，不要相互抄掠，若有违反，大唐各问其罪。"

篇三
浮光与掠影，从玄武门走出来的帝王模范生

薛延陀表示谨遵大唐安排。阿史那思摩率部落渡过黄河，薛延陀却以担心当年归附自己的东突厥部众叛归阿史那思摩为由，安排精锐骑兵，准备伺机突袭阿史那思摩。情势十分危急，李世民连忙制止，薛延陀这回露出庐山真面目，极尽其口舌之能事，绵里藏针回答道：

"至尊让我们莫相侵掠，薛延陀怎敢不奉诏。但是东突厥反复难信，它没有灭亡之前，连年杀中国人，动辄数以千万计。至尊破东突厥，应当收其余众为奴婢，分给百姓，可是却把它像儿子一样养活着，结果呢？结率却率众而反。他们都是人面兽心，绝不可信。臣受至尊大恩很重，请为至尊诛杀他们。"李世民自然没有答应，薛延陀很不开心。

阴山南北，水草肥美，薛延陀见不得东突厥部众在这里牧马放羊，总想找个机会把阿史那思摩赶走，并在军事上做着和唐朝开战的准备。当年，薛延陀在和西突厥骑兵作战时，发明了一种步战取胜的战术，即五人为一战斗小组，其中四人在前步战，一人在后照看战马，互相协作，取胜后，则授马于步战者追击。如果在战斗中五人不能紧密配合，则将失应者问罪处死，籍没家人，赏给战斗者。这次，薛延陀搬出了这个战法，在军队中广泛推广，加强训练。"功夫不负有心人"，薛延陀等待的时机终于到来了。

贞观十五年（公元641年），李世民东巡洛阳，实质是为封禅泰山做准备。消息传到夷男那里，他认为这正是入寇的最佳时机，对部众说："天子封泰山，精兵强将都跟随，边境必然空虚，我们这时攻击阿史那思摩，如摧枯拉朽。"

他的分析的确有道理，当时李绩已被任命为兵部尚书，仍掌并州事，但不在并州，而是到洛阳谒见李世民。于是，夷男命其子大度设统兵20万，渡过漠南，屯兵白道川，攻击阿史那思摩。阿史那思摩不敌，节节抵御，向南退却，同时遣使到洛阳告急。

李世民立即任命李绩为朔州道行军总管，组织北伐战役，又为李绩安排了四员能征惯战的大将，分兵五路迎敌。五路兵马分别是：右屯卫大将军张士贵为庆州道行军总管，出云中；右卫大将军李大亮为灵州道行军总管，屯灵武；凉州都督李袭誉为凉州道行军总管，发凉州；营州都督张俭出营州；李绩自率并州大都督府劲兵 7 万，出并州。北伐大军 15 万人，从不同方面向叛军推进。

李绩统率的主力，距战场最近，李绩又急行军，最先赶到长城外。大度设率先锋部队 3 万，追击阿史那思摩，思摩急撤入长城。大度设不见思摩，派人登上思摩弃城，朝南乱骂。李绩领兵远远看见，一声令下，大军直扑叛军，杀声如雷，尘埃漫天。

大度设害怕，率众沿赤柯泺北撤。李绩选麾下及突厥精骑六千，抛下步兵，翻过白道山，咬住大度设，以六千对三万，大杀一阵。大度设又北逃，见甩不掉李绩，索性勒兵布阵，长十多里，使出撒手锏——步兵取胜战术！

李绩先令突厥骑兵冲阵，大度设的步兵取胜法果然厉害，突厥兵败。李绩又令唐军骑兵突击，结果大度设万矢俱发，唐军战马多被射死。李绩大怒，命令唐军下马，执长矟以步战对步战。唐军矟长，敌军刀短，一下子占了上风，挑杀敌军像穿糖葫芦一般，大度设大败。

与此同时，李绩副总管薛万彻率领数千骑，冲击薛延陀牵马者，将其战马掠夺殆尽。大度设兵败，又失去战马，难以逃脱，李绩纵兵奋击，斩首级三千多级，俘虏军民五万多口。大度设脱身逃走，薛万彻追至漠北。薛延陀退回漠北，正逢天降大雪，人畜冻死者十之八九。

薛延陀在唐的使者要回薛延陀，李世民特意召见，警告说："我约你与东突厥以大漠为界，有相侵者，我则讨伐。你自恃强盛，越过大漠攻击东突厥。李世绩所带的部队才几千骑，你已狼狈如此！回去告诉你们老大：以后做事小心着点！"

李世民之死，竟有如此内幕

李世民上了岁数以后，和很多老年人一样，开始犯糊涂。又或者，这些年他活得太过压抑，真的很想放纵一下自己。于是在长孙皇后去世以后，他的男人本性开始显露……

据说，千娇百媚的武媚，进宫时才14岁，就成了李世民的后宫储备，真是色中饿鬼。

正所谓，人在混蛋，天在观看。终于，羽林军出现哗变——他们实在不能忍受自己心目中的圣君变成这个德性，于是将箭射入宫闱，意在提醒皇上收敛收敛，结果，全部被扣上谋反的帽子，守卫阎王爷去了。

临了，我们的千古一帝才豁然清醒，他拉着儿子李治的手说："你学谁都行，可千万别学你爹啊！"一代雄主李世民，不知道带着什么样的心情，就这样走了，享年52岁。

关于李世民的死因，历史上还有一个传说。

故事要从贞观十六年（公元642年）说起，那一年，因为在与弟弟的政治斗争中渐落下风，太子李承乾起了急，勾结大将侯君集，准备兵变登基。

结果当然是，李承乾失败了。不过，这件事对李世民的伤害指数爆表，两个儿子为争家产，差点让玄武门事件重演，深深触动了李世民心里最痛的那根弦。苦闷之余，他开始吃所谓的仙药，幻想着能长生不老，起码再活几百年。

很遗憾，李世民这个伟大的愿望没能实现，他带着强烈的不甘愿，死在了寻求长生的路上。

那么问题来了——据历史记载，李世民不光自己吃仙药，还与大臣们一起分享，那位黑脸门神尉迟恭，听说就没少吃。可为什么尉迟恭活了整整74岁，李世民却早早挂了呢？

好吧，时间还得往前调。

据说，贞观二十二年（公元648年），东土大唐来了一个和尚，不是玄奘，叫那罗迩娑寐。这人一见李世民就狂吹，说自己活了二百多岁，李世民……就信了！

李世民高兴得不得了，这下终于可以再活五百年啦，结果，带着自己的长生梦，死在了终南山中。

李世民就这样走了，可身后留下的烂摊子该怎么办呢？

比如，西突厥、高句丽那俩顽主还没收拾老实呢。

——留给李治那小子吧！

再比如，那个千娇百媚的武媚怎么办？

——留给李治那小子吧！

李世民这个人，笔者认为，他自带一半天使属性，一半魔鬼属性。

说他是天使，因为他无论文治还是武功，在我国历代帝王中，都是数一数二的存在，他也确实给黎民百姓创造了非常幸福的生活。

说他是魔鬼，因为在玄武门那个腥风血雨的早上，他的人性显然已经短暂地缺失了。

而李建成这位废太子，拨开历史迷雾我们不难发现，从太原起兵到玄武门兵变，他的所作所为，根本不能和昏庸无能、人品龌龊、残害忠良挂上钩。

我们今天还原李建成和李世民的真实模样，并非有意贬低谁捧抬谁，只是想告诉大家一个事实：悠悠数千载，并非每个史官都是司马迁，我们今天看到的正史，有许多地方，是经过修改的。

篇四

与父子皆博弈，不称帝逃不过一生迷离

　　李世民听后，禁不住倒吸了一口凉气，心说这女子太狠了，别哪天把我也给捅了。这事儿就没了下文，既没有封，也没有赏。武媚在李世民面前的第二次刻意表现，就这样以失败而告终。

　　武媚，这个有梦想的女孩子，从此再没得到李世民多少怜爱。

　　…… ……

隋唐第二冤案——又杀错人了

隋朝时，有个挑担子去各村卖豆腐的青年，叫武士彟，他攒下第一桶金以后，就去创业，和同乡许文宝一起经营木材生意，因而发了迹。

不过，这个武士彟并不是以致富为目的的一般商人，他是个读书识字有政治抱负的人。隋朝末年，由于杨广的残暴统治，农民起义四起。就在这样的形势下，武士彟弃商从戎，在太原做了一名队正。在唐和隋朝的战争中，武士彟给予了李渊父子很大的支持，李渊曾表示，如果将来我大功告成，一定和你共享富贵。

武士彟军中供职期间，仍留在原籍的夫人相里氏和一个儿子相继死去，只留下武元庆和武元爽两个男孩。武士彟勤于职守，没有回家。后来李渊知道此情况，给予了高度赞扬。武士彟的妻子死去不久，李渊就主动为这位老友考虑起续娶的问题了。李渊选中隋朝贵族杨达的女儿，令桂阳公主主办婚事，结婚费用全部由国库支给。

皇帝提亲、公主主婚、费用国家支给，这是历史上罕见的殊恩和殊荣，由此也足见李武两家关系之密切。武士彟和杨氏结婚以后，共生了三个女孩，次女就是武媚。

历史上有个传说，贞观初年，刚登上皇帝宝座的李世民得到主管天文历法的官员奏报，太白金星不按套路出牌，经常大白天跑出来，他们告诉李世民，这是"阴盛阳衰，女主称王"的征兆！坊间也盛传"唐三世亡，女主武代唐"。

是天象昭示，还是人心附会。不可而知，很玄妙。这时，武媚还未出生。

历史上还有个传说，说武媚的母亲曾在一个叫龙潭的地方游玩，忽然水中跃出一条金龙，围着她就盘旋而上……此处省略一万字，然后武媚的母亲就怀孕了，生下了武媚。

这个场景是不是很熟悉？没错，刘邦就说自己是这样生下来的。按照古代的说法，这叫作"神灵感孕"。它传达给世人的信息是，帝王的出身很神奇，他们的父亲不是一介凡人，而是龙，他们是龙种，所以后来才能成为真龙天子。

历史上又有一个传说，说武媚刚出生不久，唐朝相面大师袁天纲就来到其父武士彟的官邸，当时在襁褓中的武媚穿着男孩的衣服。袁天纲看过后大惊："龙睛凤颈，极贵之相。若是女孩，当为天下主！"说完，没分清男女的袁大师走了，空留下武士彟在那里愣神。

武媚在她父亲死后的第二年，入宫成了李世民的才人（既是女官又可作为嫔妃），那一年她14岁，这个豆蔻少女险些死在一则谶言之上。

据《朝野佥载》记载，李世民曾得到一本秘谶，也就是一本预言书，里面对唐朝的未来作了这样的预测："唐三代后，有女武代王！"说的是唐朝三代之后，皇帝羸弱，有武姓女子取代李家，成为新皇帝。所谓三人成虎，同样的预言李世民听了两次，不能不在意，他深为不安，叫来李淳风询问。

李淳风看后回答："书中预测的征兆已生成，这个武姓女子现在就生活在皇宫！三十年后，她将成为帝国的统治者，李家子孙会被她诛杀很多。"

李世民问："那我现在就找到她，杀掉她！不就行了？"

李淳风说："不行，万万不行。武姓女子为帝，乃天命，不可改。天命不绝此女，假如妄加行动，会伤及无辜。而且，此女为皇帝，当在三十年后。到那时，她也老了，会仁慈一些。大唐王朝中途易姓，只是暂时的，此女人终不能彻底断绝唐朝。但如果现在就寻找此女，捕而杀之，那么还会出现其他人篡夺李唐江山。而据我推算，新出现的人，会比那武姓女子更强大和凶狠，到那时您的后代恐怕就不会有遗留了。所以，相比较而言，留着武姓女子之命比现在杀了她更有利。"

李世民默然不语，最终采纳了李淳风的建议。于是，此时已在后宫战战兢兢的武则天得活了。事实上，皇帝的恐惧并未到此为止。

看到这里，大家可能要不淡定了，为啥古代预言总是那么准呢？那时候的人真会点啥吗？非也。其实"正史"也只是相对真实，并非都是真事。看看《史记》，连司马迁不也给刘邦神话过吗？多读历史你就会发现，每一个牛人背后都有一个神奇的预言。

奇葩的是，这次预言又没把正主弄死，和杨坚时期一样，如出一辙地制造了一场冤假错案。接下来请看——隋唐第二冤案之又杀错人了！

谁是这个倒霉蛋？——大唐儒将李君羡。

那么问题来了！李君羡早已验明正身，完整无缺的纯爷们，怎么就应了"唐三世亡，女主武代唐"的劫了呢？

就四个字：倒霉催的！李君羡就是典型的倒霉鬼投胎，枪口在哪往哪撞，吃条锦鲤都救不了他。

据说，一次，李世民在宫内大宴群臣，行酒令，要求群臣以乳名相称呼。

轮到李君羡，李君羡扭捏半天，既不敢抗旨又不敢欺君，只好羞涩地表示："臣乳名五娘子……"

李世民大笑："有你这样刚猛健壮的小娘子吗？"群臣也跟着哄堂大笑。

笑过之后，李世民心里一惊，突然想起，李淳风曾言"女主昌"！李世民瞬间展开了联想：

——这"女主"应该是一个名字里有"女"的男人；李君羡小名五娘，此一验也；

——"唐三世之后，武氏有天下。"李君羡为左武卫将军，封地武连县，是唐武定人，而且他的工作岗位又是在玄武门。谁能比他更"武"？更何况李君羡有勇有谋，深得群臣拥戴……

所以宴会之后，《资治通鉴》记载，李世民"深恶之"。没多长时间，李世民找了一个理由，贬李君羡为华州刺史。到华州后，李君羡与一个叫道信的布衣，交上了朋友。道信这个人，好佛，练习过气功，会气功里的辟谷术。于是御史说李君羡"勾结妖道，大逆不道"，李世民查都没有细查，就诛灭了李君羡和他全家。李君羡到死都没有明白怎么回事儿。

数十年以后，武媚称帝了，李君羡家人才来喊冤："我家将军可是替您死的啊！"武媚为了证明自己有天命，索性承认这个事，下令把李君羡重新风光大葬。

武媚的眼泪，撩动了世民的春心

武媚初入宫时，事实上并没有引起李世民的注意，两个多月也没能见到皇帝一面。

这很正常，正所谓一入后宫深似海，李世民那么多女人，日理万机的，哪有那么多闲工夫注意她呢？

武媚整日待在掖庭宫里，跟太监学一些规则、礼仪、用语等方面的知识，她很无聊，也很失落。

武媚，别看她长得妩媚，妩媚外表下却是十足女汉子。别人家姑娘嫁人，都是父母姐妹抱头痛哭，哭得吃瓜群众都跟着泪目，她却鄙视她娘说："你哭个什么嘛，这是好事情呀！"

在武媚看来，成为王的女人，就等于有了登天的梯，将来再生几个王的后裔，人生真是要飞起，谁知道，现实就是这么爱打脸，武媚的婚后生活并不像她想象得那么美丽。

　　武媚深深地明白，酒香也怕巷子深，再好看的姑娘，若是没有机会登场，身价还未必比得了舞娘。

　　她要引人注意，她要逆境崛起，她要出人头地……

　　武媚思来想去，就想出一个鬼主意：和自己一同嫁进来的徐惠妹子相当有才，深得皇上宠爱，要是和她成为闺蜜，见到皇上还不容易？嗯，就这么愉快地决定了，她妈肯定没告诉她，防火防盗防闺蜜。

　　狂热的欲望，会诱出狂暴的行动，干出狂野的事情来。

　　爱是行动，爱需要与羞涩对抗，与恐惧较量。

　　武媚是个行动派，没那么多惺惺作态，给自己一个理由，就敢撬动地球。

　　于是，武媚每天千方百计讨好徐惠。这徐惠是一个才女，武媚常常以向徐惠请教学识为借口前往她的房间，一来二去，两人就熟悉了。武媚见时机成熟，便向徐惠提出义结金兰之事，单纯女子徐惠不假思索就答应了。当天晚上，两人穿戴整齐，来到院中，燃香结拜，并互立誓言，谁先被皇上宠幸，就提携对方，俩人同时到皇上身边才好，可以互相照应，永远不分离。

　　几天后，徐惠果然被李世民宠幸了，她比武媚小 3 岁，那一年武媚 14 岁……

　　武媚按捺不住喜悦，事情的进展和她预料得差不多，她为自己下一步谋划着，甚至每个细节、每个对话和动作。几天过去了，徐惠那边没有一点消息。但武媚并不灰心，她了解徐惠的脾气秉性，知道徐惠是个傻姑娘，这个傻姑娘是肯定不会扔下自己的。但是，坐等也不是武媚的作风，她在积极行动，她托太监给徐惠捎信。

　　徐惠真的没有忘记武媚，李世民赏识她的才华，封她为婕妤，住到别处去了。但她一有机会就向李世民说武媚如何好，说得李世民心里直痒痒。在皇上的眼里，掖庭宫里的新女人们，仍旧是青涩果物，没有散发出成熟的滋味，所以，他也就不太感兴趣。而徐惠常常夸奖的武媚却让他动起了想见见的欲望。

有了徐惠的神助攻，武媚终于见到了她生命里的第一个王。

武媚第一次要陪王倍驾。她当然知道，在同辈之间，有许多竞争者。帮她打理的这位老太监也许发觉她对自己的第一次很不安，基于好意，说了些安慰她的话。其中就有徐惠陪皇上的事。

武媚坦诚地接受了他的好意。可同时，也唤起她不服输的心理，她一定要超过她们。初更两点，武媚由提着灯笼的太监引导，到当时李世民常住的甘露殿。终于能见到皇上了，看着近在咫尺的李世民，武媚的心紧张得快要跳出来了。

前面交代过，晚年的李世民色令智昏，丧心病狂呀！此处省略一万字……然后还给她赐了个名字——"媚"，这就是武媚的由来，信息量很大。

事后，武媚痛得哭了出来，两颗泪珠顺颊而下。

李世民喜上眉梢，在他的眼里，这眼泪就像稀世珍宝似的，还从来没有人当着他的面哭过。以前，李世民宠幸的少女不计其数，她们都拼命地忍耐，木偶般的脸上强露出死板的笑。而怀中的武媚却不同，她并不隐藏此时的痛苦，她梨花般娇美的脸颊上泪珠晶莹剔透，闪着妩媚之光，让李世民倍感珍贵，心中非常快慰。

其实，武媚的哭开始时是情不自禁，当她看到李世民兴奋的样子，就决定继续哭下去。喜得李世民爱不释手，他第一次觉得怀中拥有的不是傀儡，而是个活生生的女人。

武媚以为，春风玉露一相逢，便胜却人间无数，自己的春天终于来了！

然而，她想多了，李世民什么样姑娘没见过，还真没把她太当一回事，军国大事一忙，就把这个让自己心动过的"媚娘"忘了。大体上说，武媚只是李世民备胎团中的一员。

备胎是一种什么样的存在？

感动对她（他）的神来说永远不可能，因为备胎在神的心目中早已被定位，这种小兵永远不会升级为大帅，所以备胎在神面前装帅，只会给自己找不自在。

机智如武媚，竟也干出了这样的一件蠢事来。

从少女到少妇，12年清冷岁月

李世民虽然喜欢过武媚，还给她赐了个专属的名字，可是后来军国大事一忙，他就把这个小小的武媚娘给丢到一边去了。但是，武媚这样心比天高的女人，怎么能够容忍男人的冷落呢？于是就上演了"狮子骢事件"。

狮子骢是一种马，是一种名马，是一种青白杂毛的马。这马的鬃毛很长，一直拖到地上，因为像狮子，所以被称为"狮子骢"。

《朝野佥载》记载：

隋炀帝时，大宛曾献过这样一匹马，它很暴躁，谁也不服。

杨广对身边的人说："谁能制服它？"

裴仁基表示："我行，我来！"

于是撸胳膊挽起袖子上前，离马十余步远突然腾身而上，一只手揪它的耳朵，一只手抠它的眼睛，那马没见过这样的下三烂招数，服了。

那马早晨从长安出发，晚上就到了洛阳，纯种的千里名驹。可惜到了隋朝末年，烽烟四起，那马在战乱中失联了。

后来，李世民也得到一匹这样的马，这马更加高大威猛，神骏异常，但是性子也更加暴烈，没有人能驯得了它。

李世民是个马上皇帝，对驯服烈马有偏好，但几次试验都不成功，心中很是不爽。

有一天，他带着大小老婆们到马厩来看这匹马。李世民围着狮子骢转了一圈，忍不住叹息："这真是一匹好马呀，可惜就是没人能驯得了。"其他的老婆都默不作声，一片寂静。

突然，武媚挺身而出，说："陛下，我能制服它！"

李世民吃了一惊。武媚娇滴滴地说："不过，臣妾需要三样东西。第一，铁鞭；第二，铁锤；第三，匕首。"

李世民蒙了："这也不是驯马的东西啊？"

武媚笑道："陛下，这马小脾气这么暴躁，必须给它上特殊手段。先用铁鞭抽打，它要不服，就用铁锤锤它，还不服，一匕首捅死就是了，反正留着也没用！"

然后李世民对武媚表现出来的机智和彪悍大加赞赏？将马制服后两个人在原野上策马奔驰？那是影视剧才会出现的桥段。

李世民听后，禁不住倒吸了一口凉气，心说这女子太狠了，别哪天把我也给捅了。这事儿就没了下文，既没有封，也没有赏。武媚在李世民面前的第二次刻意表现，就这样以失败而告终。

武媚，这个有梦想的女孩子，从此再没得到李世民多少怜爱。

根据现有的史料来看，李世民其实是个挺好色的皇帝。他一生共有35个子女，却没有一个是武媚生的。武媚进入后宫正值豆蔻年华，李世民也是春秋鼎盛，即便是李世民在人生后期也有生育子女记录。武媚跟随李世民身边整整12年，又是处理贴身事务的才人，竟然没有生下一男半女来。这是为什么？这在很大程度上说明，在李世民眼里，武媚在后宫还算不上头牌美女，还不能引起他足够的兴趣。

李世民的后宫虽然佳丽如云，美女荟萃，从漂亮和美丽程度上来看，李世民眼里最美丽的女人应该是自己的弟媳妇，就是四弟李元吉的妃子杨氏。

杨氏原本是长安市内一个红得发紫的歌舞伎，容貌秀美、风姿绰约、万种风情、千般妖娆，又通晓诗文、能歌善舞，曾令长安无数公子哥儿拜倒在她的石榴裙下，但最终她还是嫁给了李元吉，成了齐王妃。

玄武门那件事情以后，原东宫和齐王府的女眷全部没入宫中，杨氏被李世民纳为妾，但没有正式封号，宫中呼为"巢刺王妃"，十分受宠，是长孙皇后去世以后唯一一个生下子女的嫔妃。

杨氏为李世民生下的儿子，取名为李明，李世民因此立杨氏为贵妃，并为他们母子建造了一座豪华的宫殿，自己一有时间就来到这里。贤淑温婉的长孙皇后见丈夫似乎淡忘了兴业大志，整日迷恋于酒色之中，便出面劝阻李世民。但是已经对杨氏痴迷的李世民一时不能自拔，反而准备废掉长孙皇后和太子李承乾，改立杨氏为后，李明为太子。

然而，李世民的想法却遭到谏议大夫魏征极力的反对，他上书劝谏说："长孙皇后高端大气上档次，贤良淑德有格调，无缘无故为什么要废她？长孙家族为大唐之兴立下汗马功劳，你好意思卸磨杀驴？杨氏是你弟媳妇，这事儿天下人谁不知道？让她当贵妃，天下人都笑了，你要让她当皇后，天下人就得笑掉大牙了！你要是不怕天下人嚼舌头，你就按自己的想法来吧，皇上请随意！"而此时，朝中的不少大臣也暗中说三道四，李世民仔细斟酌认真思量，觉得脸还是必须要的，最后不得不悄然地取消了自己的想法。

这段历史也成了李世民为部分学者所诟病的原因，认为他霸占弟媳，是在乱伦。不过也有学者认为李唐皇室本就有北方少数民族血统，较中原汉族更为开放，兄纳弟媳很正常，他们的思想中乱伦的概念较为淡薄。

篇四
与父子皆博弈，不称帝逃不过一生迷离

那么，既然不是最美丽的，武媚是不是李世民后宫中最有才情的女人呢？答案，也不是。当时李世民的后宫之中，比武媚更有才情的，人也长得漂亮的，是上面提到的徐惠，李世民特别喜欢她，给她升职也很快，入宫不久，徐惠就晋升为正二品级别的充容，而武媚，到李世民驾崩时还是个才人。

而徐惠对李世民似乎也是动了真情。李世民驾崩后，徐惠悲痛、思念成疾，又不肯吃药，不久这个才华出众、容貌美艳的女子在哀伤中撒手人寰，年仅 24 岁。徐惠病逝后被封为"贤妃"，陪葬李世民于昭陵。而反观当时的武媚，她是从武才人，到武才人，最后还是武才人。很明显，徐惠的性格和为人也比武媚更讨李世民喜欢。

从李世民的后宫来看，这位充满阳刚之气的千古一帝，似乎更偏爱那种贤德、温顺、体谅、娇柔的女性，而武媚虽有美貌与才干，但性格使然，自然无法得到李世民的真正赏识。因此，入宫十二载，与李世民的关系始终不咸不淡。

其实，后人对于武媚遭受李世民冷落，还有另一种揣测，这个揣测可能有点邪恶，为什么要拿出来说呢？作为一个非常富有正义感的作者，笔者觉得有必要给美女读者们上一堂安全教育课。

事情要从武媚没进宫时说起。武媚 13 岁那年，父亲抛下她们孤儿寡母撒手人寰。史书记载，这段时期，武媚和她娘饱受五位哥哥、表哥哥们的欺负，所以武媚后来上了位，才会疯狂地报复。

有人大胆猜想，认为"饱受欺负"的可能是武媚，至于怎么欺负的，这事不好细说。

顺着这个思路，很多坊间大神表示，好色老头李世民面对千娇百媚小武媚，之所以没有神魂颠倒，不是因为他有坐怀不乱的本事，而是因为他一见到武媚，瞬间就觉得头上多了五顶帽子。

对于这种观点，笔者非常明确地表示：第一，坚决不反对；第二，坚

决不支持。因为1000多年前的个人隐私,是谁也实锤不了的事。

总之,不管具体原因是什么,武媚最终还是被李世民丢弃在一旁。她整日孤零零独居在后宫,孤独,寂寞,冷!武媚的日子不好过。她一次次渴望,又一次次失望。

她怎能甘心自己的年华随水流,美貌化为乌有。该如何在逆境中脱颖而出,成为女人中最闪亮的那颗明珠?

先定一个能达到的小目标……

武媚的目标很简单、很直接——既然老的拿不下,那就把小的拿下吧!

当强悍的武才人遇到软弱多情的李治时,她的命运的轨迹就完全改变了。

病榻前的孽恋,感业寺的风情

李治初遇武媚那年,15岁,清清秀秀小鲜肉一枚,正是容易被异性吸引的年纪。而19岁的武媚青春妩媚,浑身上下都散发着成熟气息,对于正处在青春期的男孩子来说,这种成熟大姐姐无疑是非常具有杀伤力的。

而对于有才有貌又有料的武媚来说,存心去引诱一个情窦初开的纯情小太子,还不是轻而易举的事?所以,武媚稍一放电,李治就中了电击。

令武媚上火的是,此时李世民身体还挺好,又是个眼睛贼毒的狠角色,武媚虽然有色心,但真不敢有色胆。

贞观二十三年(公元649年),武媚的清冷日子终于熬到了头。可是熬到头并不等于熬出头,武媚的命运不料想又陡然下降一大格。

那为什么说熬到头了呢?因为李世民的身体一天不如一天了,眼看就快不行了。

李世民早年就患有呼吸系统疾病，后来病情又因为中风而加重。到了这年三月，疾病复发，竟严重到不能临朝听政了，就让太子李治主事。

四月，李世民到专门用于疗养的终南山翠微宫养病。在这里又染上了痢疾，上吐下泻、下泻、下泻……需大小老婆们轮番入侍，而李治在下朝后也每天必来，端茶煎药。到最后，昼夜不离父亲身旁，到了废寝忘食的地步，急得连白头发都生出来了。

武媚就在这个时候，真正媚倒了前来陪床的李治，历史在这个时候上演了一幕《大唐爱情故事之病榻前的孽恋》。

却说自从李世民患病以来，李治只要一有空就守候在父亲左右，这是其他儿子做不到的。李世民心疼他，让人在自己的寝宫旁边专设了一所"别院"，让李治住，省得来回跑太辛苦。

想不到这样一来，李治就与同在这里入侍的武媚擦出了感情的火花。这种事，始于何时，如何触发，是当事人之间的秘密，不可能史有明载。《唐会要》中仅仅是说："时上（李治）在东宫，因入侍，悦之。"大部分史书，都只这样说。

李治这时已经22岁了，已有了自己的太子妃王氏，他却挡不住武媚的"媚"，瞬间就拜倒在了石榴裙下。当然，也是因为双方早有好感，只不过今日才有机会罢了。

至于两人好到了什么程度，不好细说。有现代史家说那是一段"激情燃烧的岁月"，看来是可以推测、但无确证，恐怕早已超越了眉来眼去、暗送秋波这个阶段。

笔者猜想，当时武媚的内心情境可能是这样的："二郎，起来把药喝了……"

关于武媚的内心想法，请大家自行参阅《水浒传》第二十四回。笔者认为，依武媚的性格以及当时的遭遇来看，她完全有可能产生过这样的憧憬。当然，她也只敢想想。

兴许武媚一直在等待，等待死神的到来，将李世民赶紧领走去投胎。

然而，玩了一辈子设计的李世民，临死之前还要设计武媚一回，一道命令下来，就把她送出了红尘外。

贞观二十三年（公元649年），唐太宗李世民驾崩。按要求，没有生育过的嫔妃们出家做尼姑，生育过的则要打入冷宫，为死去的李世民守寡，因为她们都是李世民的人，即使李世民死了，她们也是不许任何人去碰的。武媚则因为没有生育过而被送到感业寺出家。

却说武媚这前半生，也是够悲剧的。

然而她在感业寺出家的两年中也并不是安心念佛。

武媚入寺为尼，开始一段悲苦孤寂的尼姑生活。就在武媚遭遇人生最低谷时，住在附近白马寺的俊俏后生冯小宝出现了。

史书记载，武媚与冯小宝在井台邂逅，冯小宝怜香惜玉，经常帮武媚到井中打水，二人你来我往，就这样熟悉了。

由于两人都是半路出家，根本抵挡不了世俗的诱惑，冯小宝又偏偏爱吃肉，经常打山鸡送给武媚吃，就像现在年轻人谈恋爱说的"要俘虏你的心，就先俘虏你的胃"。冯小宝三天两头俘虏武媚的胃，武媚为表示感谢，投桃报李，二人于是在井边干柴就燃成烈火了……佛祖不忍直视。

以致在武媚回宫以后，她还经常暗中与冯小宝偷偷摸摸地来往。直到李治去世后，武媚在后宫广纳男宠，而她那位落难时的知己冯小宝就是她第一个男宠，武媚任命他为侍从，和冯小宝夜夜同枕共眠。

冯小宝入宫后，与武媚幽会十分不便，因为他不是士族出身，武媚就想方设法改变冯小宝的身份，赐他姓薛，改名叫薛怀义。不光如此，武媚还让他与太平公主的丈夫驸马薛绍联宗，让薛绍称他为叔父，这就大大抬高了薛怀义的身份地位。

但是，得宠的薛怀义并不忠于武媚，他是个不折不扣的"大猪蹄子"，根据书中的爆料，薛怀义在外面包养了很多情妇，还生育了十几个子女，但其中最大的情人不是别人，正是武媚的女儿太平公主，薛怀义成了武媚母女共用的男宠。

得到武媚母女的信任后，薛怀义气焰十分嚣张，骄横傲慢至极，还借机打压武媚的其他男宠。武媚此时对他已经逐渐厌恶，而太平公主也劝告母亲，说薛怀义只是市井无赖之徒，根本不值得宠幸，否则会被千秋万代讥笑的。最终薛怀义落得个"乱棍打死"的下场，不仅如此，武媚还命人将薛怀义尸体送到白马寺，烧成灰烬，和在泥里建造佛塔。

王皇后引狼入室，武媚娘血雨腥风

这尘世中有一种爱情，叫无论天涯海角，世间始终你好。

被李世民生生拆开的一对不伦恋人，也许在无数个睡不着的夜晚，对着天上的同一轮月亮，互诉着相思。

李世民驾崩一年后，忌日那天，李治迫不及待地来到感业寺……此处省略一万字。

这时候，历史上出现了一位在男人们看来绝对好的好女人——主动给老公找情人的王皇后。正是在她的撮合下，李治才明目张胆地将他的武媚接回了皇宫。

王皇后出身于太原名门望族，祖父曾是三品高官，父亲也官至刺史，为四品大员。她从小就贤淑聪慧，美丽非凡。李世民的姑姑同安公主下嫁到王家，见王家的这位姑娘长得漂亮聪慧，便向侄儿推荐。李世民听从姑姑的建议，为儿子李治定下了这门婚事。

李治当太子时,王氏为太子妃。夫妻间感情很好,可是王氏一直未能生育,这使李治心中不安,颇为遗憾。因此,李治对王氏的感情日渐疏远,爱上了萧良娣。

李治当上了皇帝,在隆重的登基大典之后,按惯例把元妃王氏立为皇后。王皇后虽然位居六宫之首,母仪天下,但从丈夫那里得到的爱仍然少得可怜。萧良娣也官升一级,被封为淑妃,李治仍然专情于她。这使王皇后十分苦恼又十分嫉妒,她在心中时时想着削夺丈夫对萧妃的专情。不久,机会终于来了。

永徽元年(公元650年)五月二十六日,是李世民去世的周年忌日。王皇后随丈夫及宫妃、文武大臣来到感业寺,为死去的太宗祭酒祈福。李世民生前的嫔御自然也在队伍之中。

李治与武媚就在这时又相见了。李治看着曾令自己动情的美人秀发皆无,愁容满面,不禁黯然神伤。武媚想到自己多舛的命运,更是不胜凄楚。而王皇后看到一位俏丽的少妇走到丈夫的面前,娓言倾诉着离别之情,泪珠夺眶而出,抽泣之声令睹者为之动容,激起丈夫的无限怜爱之情,使他凄然泪下,一个计谋便在王皇后心中悄然形成。

回宫后,她一面偷偷地派人让武媚蓄发,一面劝说丈夫接武媚入宫。她这样做的目的,就是为了让武媚入宫削夺萧妃的专宠,以解她对萧妃的心头之恨。

很显然,她这是引狼入室,祸害自己。

王皇后的想法正中李治的下怀。不久,武媚就回到宫中,被李治封为昭仪(正二品的内官),两人的夙愿终于实现了。武媚很聪明,又很会耍手腕。刚回宫的时候,她对王皇后十分谦恭,很快便取得了王皇后的信任。王皇后在李治面前时常夸赞武媚的才能和为人。王皇后的心愿很快便得到了满足,李治果然不再专情于萧妃。但是,李治却专宠起武媚来。两个人很快便好得如胶似漆,形影不离。王皇后做梦也没有想到,她的悲惨命运从这时候起便一步步开始了。

李治对王皇后与萧妃的情爱,被武媚一起夺走了。于是,三角争爱的斗争开始了。

三个人争着在李治面前表现自己,竭力指斥别人的毛病。但是,王皇后和萧淑妃在聪颖灵巧、计谋多端的武媚面前显得苍白无力。因此没过多久,萧淑妃就被打入了冷宫。

除掉萧淑妃以后,武媚的野心更大了,她一想到过去的生活就变得疯狂,也变得更加肆无忌惮。她知道在宫中要想不低于其他人,就必须当上一人之下万人之上的皇后,所以她想将王皇后取而代之。但是,王皇后可不像萧淑妃那么好对付,她背后有强大的门阀士族势力支持,于是武媚只好另寻他法。

武媚看到王皇后高冷,平常与身边的侍从很少交谈,她的舅父柳奭出入宫禁时对宫内役妾们也无谦和之礼。于是,她专捡王皇后和柳奭不礼重的侍从和宫人结交,还常常把自己得到的赏赐送给她们,以求得她们的拥戴和保护。这样,那些得到好处的宫人们都成了武媚安插在王皇后和李治身边的耳目。因此,王皇后和李治的一举一动武媚都知道得一清二楚。

柳奭看到自己的外甥女失宠,担心她会失掉皇后的地位,就让王皇后认领李治与一个侍妾所生的小男孩为自己的儿子,起名李忠,并劝说李治把他立为太子。李治虽然按照王皇后的意图办了,宠爱武媚却一如既往。为了试探李治,柳奭主动提出辞去中书令的职务。谁知李治毫不客气,顺水推舟令他退出中书省,去尚书台当了吏部尚书。这样,王皇后受到了第一次打击。

虽然获得了初步的胜利,但武媚对皇后位置的争取丝毫没有放松,她一直在寻找更好的机会。公元654年的春天,武媚生下一个女儿,这女孩儿看上去极其灵秀可爱,深得李治的喜爱。王皇后见李治很长时间都没有来自己的宫中，就猜想他肯定夜夜泡在武昭仪宫中了，于是想去打听点儿口风。这天下午，她来到武媚的宫中，说是来看看武媚母女。武媚则装作一副亲热的样子与她闲聊，过了一会儿还让宫女把女儿抱了过来。

王皇后也不是一个铁石心肠的人，自己又久无子女，所以她一见这孩子长得伶俐可爱，心里就十分喜欢，忙逗引着小孩子玩，直到玩得累了，她才起身离去。

武媚在王皇后走后就来到女儿床前，想要扼死自己的亲生女儿来陷害王皇后。但当手伸到女儿的脖颈时又下不了手了，因为毕竟是自己的心头肉，再说母女连心啊。可想想若是失去这个天赐良机，自己可能就这样做一辈子的昭仪，然后渐渐地失宠，说不定最后连昭仪也保不住。想到这里她心一狠，双手就向女儿脖子扼去。女儿哭都没哭，蹬了几下腿，就不动了。她连忙把女儿放好，又盖上被子，弄得跟睡熟了一般，然后自己赶紧到花园中去了。

李治一回到昭仪宫，总是习惯性地先到小女儿床边去逗爱女玩，而武媚也正是摸准了这点，才出了这一狠招。平时她估摸着李治快回来了就早把小孩逗醒，以讨李治欢心。这天李治回宫没有看到武媚来迎他，又见小女儿正睡着，心中便不免生疑，环视四周也没什么人，于是便到小女儿床边坐下。但仔细一瞧，女儿脸色已经发青了，掀开被子一看，女儿脖子上还有掐过的手印，于是搭手一摸，尸体居然早已僵硬了。李治大怒，高喊"来人"。宫女太监们都闻声赶来，围了一圈儿。大家见状，都是又惊又怕。李治忙问："武昭仪呢？"有宫女说在后花园，于是忙派人去传。

武媚装作惊慌赶回来，一进屋就抱着女儿大哭，还呼天抢地地骂"不知是谁这么没良心"一句话提醒了李治，李治连忙问下午有谁来过。宫女禀报说王皇后来过，于是李治把桌子一拍：传王皇后！

王皇后来了之后，又惊又怕但有口也难辩了。谁会相信哪个女人会对自己的女儿下此毒手啊，所以一切怀疑都降到了王皇后的身上。从这以后，李治便产生了废立皇后的念头。

　　武媚终于争取到了可以当皇后的机会，虽然这代价未免太大。当时她很清楚，废立皇后可不是件小事，必须取得元老重臣们的支持，求得李氏宗亲长辈的认可，才有可能。于是，她劝李治去找舅舅长孙无忌商量。

　　为了争取长孙无忌，李治和武媚亲自登门求情，又封长孙无忌的三个儿子为大夫，还送去十车金银珠宝贿赂他。但是，长孙无忌根本不表态。武媚又让母亲杨氏多次带着重礼亲自到长孙无忌家求情劝说。长孙无忌也不答应。武媚还请礼部尚书许敬宗多次登门拜访，劝说长孙无忌成全此事，但遭到长孙无忌当面斥责。

　　既然身为宰相的舅舅不同意立武媚为皇后，李治只好暂且作罢，但将武媚所生的两个牙牙学语的小儿李弘和李贤册封为王。

　　为了再次打击王皇后，武媚告发王皇后与其母柳氏共同搞诅咒厌胜之术。李治听信武媚的谗言，下令不准柳氏入宫，并将柳奭出贬为荼州刺史。

　　永徽六年（公元655年），长孙无忌上书，奏请李治将中书舍人李义府贬为壁州司马。诏书未下，李义府便得到消息，急忙问计于同僚王德俭。王德俭是许敬宗的外甥，李义府又与许敬宗早有勾结，王德俭自然不能不帮忙。他给李义府献策说：皇上想立武昭仪为皇后，但怕宰臣不同意。你如果能大胆地上书建策，倡议立武昭仪为皇后，给皇上一个表态的机会，那你一定会转祸为福的。

　　李义府得计后大喜，决定马上采取行动。恰逢这天王德俭在中书省值夜班，他便前去代替，乘机叩阁上表，建议废王皇后，立武昭仪为皇后。这正和李治心意，李治高兴得不得了，立即召李义府面谈，并赐给他珠宝一斗，批准不再出贬，官复原职，继续做中书舍人。武媚自然也喜出望外，秘密派人致谢。

　　一石激起千重浪。李义府的一纸奏文，在朝野上下引起了轩然大波。拥王派的元老重臣和拥武派的新政客展开了激烈的斗争。为了震慑反对派，武媚唆使李治采取高压政策：先将长安令裴行俭出贬，然后宣召长孙无忌、李绩、于志宁、褚遂良等人，让他们对废立之事表态。

李绩是个老油条，深知此事难办，便推说我有病，请病假。长孙无忌等三人硬着头皮入见，李治直截了当地说："王皇后无子，武昭仪有子，我想立武昭仪为皇后，你们怎么看？"

褚遂良作为顾命大臣，当面反对说："王皇后出身名门，是先帝给陛下娶的，再说皇后又没有什么过错，怎么能说废就废呢？"

李治见话不投机，就把他们打发走了。

第二天上朝，李治又提废后之事。褚遂良说："陛下就是要换皇后，也要选一个名门闺秀；武氏出身寒微，她配吗？再说，武氏曾经是你爹的小妾，这事儿天下人谁不知道？现在把她接入宫中，立为昭仪，倍受恩宠，就差不多了。你现在还要把她立为皇后，万代以后，天下人怎么说你呢？"

这话惹恼了李治，他气呼呼地一挥手："滚！"褚遂良退了下去。

武媚在帘子后面听到了，更是气坏了。她最怕人家说她做过李世民小妾这段历史，所以恨透了褚遂良。她在帘子后面大声喊道："还不赶快把这厮打死！"

幸亏长孙无忌出面解救，褚遂良才得以幸免。

过了几天，李治又询问李绩的意见。老油条李绩则说了一句模棱两可的话："废立皇后，这是陛下的家事，何必询问外人呢。"这话提醒了李治，也使他看出了破绽，原来元老重臣们也不是铁板一块，执掌军权的司空李绩是不反对武媚做皇后的。于是，他下定了废立皇后的决心。

善观时变、阿谀奉上的许敬宗，受武媚的指使，为她做舆论宣传。许敬宗公开在中书省散布说："种地的穷农夫多收十斛麦子还想更换妻室，何况是富有天下的皇帝呢！"武媚是想通过许敬宗这样的中书要员为自己做宣传，并以此观察朝臣们的反应。朝臣们都明白，废立之意不仅是武媚的欲望,也是皇帝的想法;裴行俭、褚遂良这样的朝廷要员都被贬官了,自己何必自讨苦吃呢。所以,大多数人都不敢表示异议。这样,废立皇后的时机成熟了。

永徽六年(公元655年)十月二十三日,李治下诏将王皇后和萧淑妃废为庶人。七天后,立武媚为皇后。十一月初一,司空李绩奉诏临轩册封,文武百官都前往肃义门朝贺,三呼皇后千岁,内外命妇入谒。历史上百官、命妇朝见皇后,自此开始。次年正月,太子李忠被废,封梁王,武媚的长子李弘被册立为太子。

武媚被立为皇后,以后青云直上,一步登天,同时意味着与她争宠的王皇后、萧淑妃命运的悲苦,她们骤然间滑向了没有光明的无底深渊。王皇后和萧淑妃被废以后,囚禁在后宫的一所密室之中。密室四面高墙,没有门窗,只在一扇小门上开了一个很小的孔,以通食器。门外有武媚派去的人看守。二人困在里面,昼夜不见日月,终日只能以泪洗面,互诉悲苦。

一天,李治想起了被废的王皇后和曾经忘情恩爱的萧淑妃,便想去看看。内监引导着李治来到密室。只见门禁严锢,只有一个小孔以供饮食,李治不禁恻然心动,为之神伤。他走上前去,大声说:"皇后、良娣,你们没事吧?还活着吗?"王皇后、萧淑妃听见是皇上的声音,而且就在门外,两人喜出望外,泣不成声地说:"希望陛下顾念往日恩情,使臣妾重见天日,我们就这一点心愿了!"李治伤感之下,泪眼蒙眬,满口答应:"朕这就安排!"

李治一走,武媚这边立即得到了心腹的情报,马上派人杖打王皇后、萧淑妃各一百,直打得两人血肉模糊。然后,将两人的手脚剁去,将她们装在酒瓮中。武媚恶狠狠地说:"让你们两个骨头都醉成渣!"

几天后,装在酒瓮中的两个人仍然没死,武媚便逼着李治下诏赐死。行刑官奉旨来到囚室,宣读诏书。萧淑妃受诏后破口大骂:"狐狸精武媚娘，如此颠倒黑白！我死后要投胎成猫，让武媚投胎成鼠，我要咬破她的喉咙报此大仇！"

武媚得报萧淑妃的这些咒语，下令后宫再也不许养猫。有好一阵，武媚常常梦见二人，披头散发，血淋淋地前来索命。武媚大为憎恶，请巫祝镇邪。不久，又徙居蓬莱宫，但还是时常梦见二人。后来，武媚便干脆迁往洛阳，终生不回长安。为表示自己对二人的憎恶，武媚下令改王氏为蟒氏，萧氏为枭氏。唐中宗即位之后才恢复其本姓。

二圣临朝，谁不服就把他灭掉

女人的人生走到武媚这个地步，按理说应该无欲无求了，但武媚觉得这个地位还不足以与自己的才能相匹配。

她要搞事，要搞大事，要搞让天下男人都抬不起头的大事情。

一般来说，每一个能搞事的女人背后，都有一个默默支持她的男人。李治就是支持老婆搞事业的典范。怎么个支持法呢？用健康来支持。

中国古代有一种非常有名的执政方式，叫垂帘听政。就是在朝廷之上，前头坐一个小皇帝，小皇帝背后拉一个帘子，后面坐着老太后，比如历史上大名鼎鼎的慈禧就是垂帘听政的典范。坐在前面的小皇帝只是个摆设，后面的慈禧才是真正的话事人。可是鲜为人知的是，唐朝的武媚也曾垂帘听政过，但是在武媚垂帘听政的时候，前头坐的不是小皇帝，而是她自己的老公李治。

武媚之所以能够垂帘听政，主要是因为李治的身体被掏空，出于对老婆的信任，他逐步将处理军政事务的大权交给武媚打理，这也为武媚顺利杀害大唐重臣和夺取中央实权埋下伏笔。最终在李治病重的时候，代替他使皇权，行王事，成为实际上的执政者。

当年，在废后一事上，长孙无忌虽未表示强烈反对，却在一定程度上支持褚遂良。武媚因长孙无忌接受她和李治的政治贿赂以及金钱贿赂，却不肯支持自己，恨得牙根直痒痒。

显庆四年（公元659年），武媚命许敬宗指使人向李治打小报告，说监察御史李巢勾结长孙无忌，要造反。李治让许敬宗与侍中辛茂将一同审查。许敬宗怂恿道："长孙无忌谋反已露苗头，我担心他知道事情暴露，会采取紧急措施，号召同党，必成大患。希望陛下能果断处理。"

武媚集团步步紧逼把李治都弄哭了，他哭着说："我怎么忍心给舅舅判罪，后代史官会怎么看我？"然而许敬宗雄辩滔滔，列举汉文帝杀舅父薄昭，天下以为明主的故事，进一步怂恿李治"当断不断，必受其乱"。出于对武媚的信任与爱，李治索性也不细查了，直接削去舅舅的官职和封邑，流放黔州。长孙无忌的儿子都被罢官除名，流放岭南。

同年七月，在武媚的要求下，李治又让李勣、许敬宗复审长孙无忌谋反案，许敬宗命中书舍人袁公瑜到黔州审讯长孙无忌谋反罪状。袁公瑜一到黔州，就逼长孙无忌自杀。长孙无忌死后，又被抄了家，近亲都被流放岭南当奴婢。

长孙无忌一死，武媚参政的障碍就扫除了一大块。

显庆五年（公元660年），李治患上头风病，头晕目眩，不能处理国家大事，便将朝政全权交给武媚处理。

然而，过分依赖会使人失去存在感。

武媚指数爆表的政治天赋令李治似乎成了陪衬，到后期甚至连存在感都刷不出来了。

而此时的武媚，早已从御女武姐姐升级成为女王武圣人，举手投足间颐指气使，杀伐果断，咄咄逼人，那曾经令李治深深迷醉的成熟之媚，已然变了味。

此时此刻，李治对武姐姐的迷恋已逐渐消失，那如痴如狂的爱意业已被苦闷和压抑所代替，他开始怀疑爱情、怀疑人生，怀念死去的王皇后和萧淑妃，最后，他甚至动了废掉武媚的念头。然而，武媚羽翼已丰，说啥都没用了，他不得不为自己的年少风流买单。

麟德元年（公元664年），武媚引道士入宫，行厌胜之术，被宦官王伏胜举报。新事旧事堆到一起，触发了李治的真怒，他要废掉武媚！

于是，李治密召上官仪，跟人家商议，说我想废后，你怎么看？

上官仪是个耿直的人，实在的人，不假思索地回答："皇后太霸道、太狠辣了，老百姓不喜欢这样的国母，应该废了她，以顺民心。"

李治表示，就这么办！忙命上官仪起草废后诏书。武媚得到消息，向李治申诉辩解。李治心软了，又不忍废后，因为害怕武媚怨怒，就甩锅给上官仪："都是上官仪那老头教我的！"

武媚记仇了，又指使许敬宗诬陷上官仪，说他与王伏胜勾结废太子李忠，要造反。上官仪与王伏胜曾同在李忠府上工作，因此遭到诬陷，百口莫辩。不久，上官仪下狱，与儿子上官庭芝、王伏胜一同被处死，并抄家。李忠也被赐死。武媚又制造了一起冤假错案，当然，也与李治的软弱有关。

从此，李治大权旁落，朝廷那些事儿完全由武媚说了算。

上官仪事件以后，武媚开始垂帘听政，这就是唐代历史上著名的二圣临朝。从此，武媚在群臣面前与李治并驾齐驱，甚至地位和尊崇隐隐要高出李治一头。然而，武媚的权力欲依然没有满足，她还想把自己和李治二圣并尊的地位展现给全天下人，那么武媚又是如何做到这一点的呢？

乾封元年（公元666年），大唐举行了一次盛大的封禅大典，按规矩，封禅没有皇后的事，但武媚表示，老娘就是要破例！出于对老婆的爱以及迫于老婆的威压，李治答应武媚一起封禅泰山，而且还任由武媚给百官赐爵加阶，使百官对她感恩戴德。

此后，李治的身体每况愈下，繁重的国事必须由武媚来决断。于是武媚又有了新的想法。

上元元年（公元674年），武媚撺掇李治以孝顺的名义，把祖宗封了个遍。追尊李渊为神尧皇帝，他的皇后窦氏为太穆神皇后；追尊李世民为文武圣皇帝，长孙皇后为文德圣皇后。于是为了避讳，李治自称天皇，武媚改称天后！可见，武媚这时的权力欲望有多大！

不仅如此，武媚还提出十二条改革措施，向全天下颁布了她的政治纲领。历史书一般把它叫作建言十二事。这十二件事分为四个方面：

第一方面，施惠百姓，切实减轻农民负担。劝课农桑，轻徭薄赋。停止对外作战，减少公共工程。把京城老百姓的徭役给免了。

第二方面：笼络百官。从提高官员的待遇入手。给八品以上的官员涨工资，给才高位卑、长期得不到晋升的中下级官僚升官。

第三方面：提高母权。如果母亲去世，父亲还在世，也要为母亲守孝三年。

第四方面：取悦皇帝。第一，王公以降皆习《老子》；第二，提倡节俭，要求服务于宫廷的手工业作坊停止生产奢侈品，当时皇后的裙子一般是十三个褶，可武媚只穿了七个褶子的裙子，给大家做表率。

建言十二事的出台，使武媚的威望更高了，也使得李治的存在感更低了。

病死还是毒杀？太子李弘死因成谜

上元二年（公元675年），就在二圣临朝的第二年，被李治寄予厚望的太子李弘突然暴毙，年仅24岁。

这件事对体弱多病、年近半百的李治来说打击相当沉重，这种打击除了来自白发人送黑发人的残忍外，还在于李弘之死打破了李治之前的权力交接部署。

按照李治之前的设想，慢慢长大的太子李弘会逐渐取代母亲，成为自己在政治上的第一辅助人，直至继承帝国的最高权力，为此，李治煞费苦心地培养他的执政能力。

李弘也确实是个做储君的合适人选。他除了身体羸弱、时常生病外，别的方面可圈可点，比如孝敬父母、体恤民情等等，大家齐夸太子是个好小伙。

其实，从李弘降生之初，李治和武媚就开始把他往接班人的方向培养。就拿他的名字来说，这可不是随便取的，其中大有来历：

南北朝时，战争一波接着一波，社会动荡，百姓朝不保夕，惶惶不安。因此，民间一直流传着"终世之说"，即末日来临说，就跟此前炒得沸沸扬扬的"2012"一个意思，这股迷信风一直刮到初唐。初唐时，道教适时放出了"老君当治，李弘应出"的谶语，意思是说太上老君将转世为人主，化名李弘，拯救苍生。在这个时候，李治和武媚给儿子取这个名字，用意十分明显，就是要"应谶意"。可见从一开始，他们就对这个孩子寄予了厚望。

然而，李弘的命运没有按照李治设想的那样走下去。

上元二年（公元675年）四月，李弘随父母出行洛阳，在合璧宫绮云殿猝然暴薨。李治悲痛欲绝，破例追加太子李弘为皇帝，这是唐朝建国以来父亲追赠儿子为皇帝的先例，可见李治对李弘的父爱有多么深。

关于李弘的死，历来众说纷纭。有说他是被母亲武则天毒死的，有说他是自己病死的，史书也难以给出统一的答案。

事实上，正史从来都未明确记载是武媚毒死了李弘，只采取间接说法，说李弘暴薨，当时的人都认为是武后毒死了他。《资治通鉴》说得较明白一些："（上元二年四月）己亥，太子薨于合璧宫，时人以为天后鸩之也。"不过，司马光本人对这个结论也不敢打保票，只好又补充说："武则天毒死儿子这件事，都是当时的人们在传来传去，究竟是不是真的，其实我也没完全搞明白。"

那么，当时的人们为什么认为是武媚毒死了自己的儿子呢？据说原因有两个：

一、李弘深得李治喜爱，立为太子后，仁孝谦谨，礼接士大夫，大家都很喜欢他。当时李治去洛阳巡视，经常让李弘留在京师监国。李治生病，还让李弘受诸司启事，实习朝政。

这一切表明，李治考虑到自己身体不好，有禅让太子之意。而武媚眼见儿子长大成人，又很能干，有碍自己夺取王位，所以派人把李弘毒死了。

《旧唐书》卷一一六《承天皇帝倓传》曰："天后方图临朝，乃鸩杀孝敬。"

二、李弘与母亲之间的确有矛盾，主要反映在两件事上：

第一件事，当时李弘有两个异母姊姊，即义阳公主与宣城公主，因为她们的母亲萧淑妃以前得罪过武媚，所以一直被幽禁在宫中，直到年过二十还没有结婚。李弘得知此事后，感到震惊又同情，便请求让两位姊姊能够结婚。这件事触怒了武媚，便随便将她们许配给侍卫。李弘从此渐渐不得母亲喜爱。

第二件事，是太子选妃未能如愿。原来，太子妃初选的是司卫少卿杨思俭的女儿，望族出身，书香门第，又长得好看。可是，就在定下婚期后，姑娘竟被武媚外甥贺兰敏之强行发生关系了，婚事被荒暴地破坏了。这就造成李弘同武家人的仇怨，加深了母子感情的裂痕。李弘对抗武氏家族，武媚当然不会容忍。

到了现世，有人提出不同看法，认为李弘并非武媚所杀，而是死于肺结核（古称痨瘵）。其根据是：

一、有关鸩杀李弘的记载，以《唐会要》和《新唐书》最肯定，但这两本书成书比较晚，可能是嫉恨武媚的人所写，或为间接的史料，并不能作为武媚鸩杀李弘的直接佐证。

二、早在咸亨二年（公元671年），李弘就因肺结核缠身，不能胜任监国重任。时隔四年，当他死后，李治在《皇太子谥孝敬皇帝制》中说，李弘自立为太子后，就染上肺结核，又接受父君之命，带病理政，以致操劳过度，使旧病加剧，最终病死。

三、对于武媚来说，她虽不一定精通医术，但肺结核在当时是不治之症，这一点她肯定是知道的，没有必要去加害一个将要死去的亲生儿子。事实上，李弘死后，武则天曾用抄写佛经的形式，为他祈福，表达了内心的哀伤。

"合璧宫命案"真相究竟如何，已成为一个千古之谜，李弘显然是最清楚的人，却早已在黄泉下无奈地缄口了。

又死一个太子，李贤到底冤不冤

李弘不明原因地去世后，李贤被立为太子。

论才华，李贤是唐朝皇子中的佼佼者。二十多岁就已经能够统召帝国杰出的学者们注释晦涩难懂的《后汉书》，其亲笔点评更被后世称为"章怀注"，极具文史意义。作为太子，李贤曾三次监国，并得到李治褒奖和群臣拥戴，可见这个年轻太子堪当大任，是帝国合格的接班人。然而，当时正值他的母亲武后政治得意之时，母子二人因此出现了矛盾。

据史料记载，武媚曾多次写信责备李贤，并让人送《少阳正范》《孝子传》等书籍给李贤看，暗示李贤不懂得为人子、为太子，这使得李贤常年处于惶恐之中。而宫中关于"太子不是皇后亲生"的流言更为母子关系雪上加霜。

当时，一个名叫明崇俨的道士深受李治和武媚信赖，常伴随武媚左右。一次，武媚请明崇俨为皇子看相，明崇俨当即表示"英王（武媚三子）像太宗、相王（武媚幼子）最高贵，而太子（李贤）不堪大任"，事情传到李贤耳中，令李贤更加忧惧。至于明崇俨的话是不是受到武媚指使，无从考证。

永隆元年（公元680年），明崇俨被强盗所杀，武媚怀疑是李贤干的，随即派人搜查太子府，然后就搜出皂甲三百余副，李贤遂因谋逆罪被捕囚禁。至于是不是有人故意栽赃，无从考证。

李治向来宠爱这个儿子，非常希望赦免太子，但被武媚表示"为人子心怀谋逆，天地不容，不能饶恕，必须大义灭亲"，李治无奈下令三司会审太子谋逆案，李贤最终未能洗脱罪名，被废为庶人，在长安拘禁一年多后被流放到偏僻的巴中，上路的时候，他的妻子、儿女、仆从衣不蔽体，十分悲凉。

唐睿宗即位之初，武媚因担心李贤流放在外有所图谋，为了消除隐患，便派人到巴中逼迫李贤自杀。依据《资治通鉴》的说法，李贤之死很可能直接出于武媚的懿旨。李贤死后，武媚才恢复其雍王王爵，并在流放地下葬。

直到武媚去世，唐中宗继位，李贤才被追授"司徒"官爵，并将灵柩迁回长安，以亲王礼陪葬乾陵。先天元年（公元712年），李贤的妻子房氏病故，唐睿宗下旨追加李贤"皇太子"身份，谥号"章怀"，房氏追加"太子妃"，两人合葬于今"章怀太子墓"。

千百年来，关于章怀太子的死莫衷一是。两唐书均在言语间暗示太子是被武后诬陷杀害，《旧唐书》在高宗诸子列传中评论："唐年韵德，章怀最仁，凶母畏明，独乐其身。"称太子是个品德高尚的孝子，以此驳斥他生前不孝谋逆的罪名，暗示太子是含冤被害。

1972年，考古人员从李贤墓中发掘出了《章怀太子李贤墓志铭》，文中多次以晋献公听信骊姬之言杀申生、汉武帝听信江充之言杀刘据等历史典故，暗喻李贤之死。但都未有明言直接死因。不过，郭沫若曾对此提出自己的看法，认为章怀之死与武后无关，而是当时的宰相裴炎为夺权所为。

总之，不论章怀太子是否含冤被害，或者被谁所害，他死于帝国最高权力的争夺和由此产生的忌恨、阴谋却大体可以肯定。自古以来为了夺得皇位，兄弟相残、父子反目的事情时有发生，这也是古时封建统治的残酷之所在。

篇四

与父子皆博弈，不称帝逃不过一生迷离

我一个女子，逼我用铁腕整治

永淳二年（公元683年），唐高宗李治带着对父亲的愧疚和对江山的担忧，不甘心地咽下了最后一口气，享年55岁。

李治一走，武媚就成了圣母皇太后，一般来说，这是个有名无权的虚名，但武媚强势霸道的作风早已给李显、李旦的童年留下了阴影，一想起哥哥李贤和妈妈做对的悲惨下场，这兄弟俩更是心惊胆战，于是成了不折不扣的妈宝男，一切事情都由妈妈说了算，连皇位都可以由妈妈随便换。

武媚先让李显过了把皇帝瘾，史称唐中宗，然后找个理由把他给废了，又把李旦推了上去，史称唐睿宗。历史上，但凡随便废立皇帝的，接下来都是准备自己当皇帝，武媚走的就是这个套路。

武媚权势熏天，一手遮天，敢教日月换新天，老李家这帮亲戚朋友们可就看不过眼了。

英国公徐敬业、琅琊王李冲、越王李贞纷纷起兵造反，可惜实力不够，轻而易举地被武大婶按在地上摩擦。李家的男人们从此认了怂。

从临朝称制到称帝前期，武媚运用其铁血手腕，残忍的性格，实行了十余年的酷吏政治。这固然是出于维护统治地位的目的，但如果从她不惜扼杀亲女加害王皇后的行为来看，这何尝不是武媚迷信高压控制的残忍本性。由于武媚的放纵和重用，酷吏们肆无忌惮地滥用刑罚，滥杀无辜，为了邀功大肆制造冤假错案，十分猖狂。

为了巩固自己的统治，武媚物色了一批酷吏，其中，索元礼、周兴、来俊臣最为臭名昭著。这些人大都出身无赖，性情残忍，专以告密陷害为事。来俊臣和万国俊等还专门编写了一部告密专著《罗织经》，作为培养新酷吏的教材，还真是专业人才！

这帮人渣还创造了名目繁多的审案酷法，这些骇人听闻的酷刑，把囚犯吓得望而生畏，有些人还没等用刑呢，就自己给自己制造冤假错案，以避免受酷刑之苦。

这样，一整套完整的执行恐怖政策的制度和机构建立起来了。在恐怖政策下，武媚放手任用酷吏，被杀和遭流放者动辄几十、几百，甚至上千人。

李唐宗室是酷吏们打击的主要对象。由于他们不甘心自家的事业落在异姓女性手里，因此极端仇视武媚。他们的反抗，招致了武媚残酷的镇压。宗室子孙除李显、李旦及其子女尚能保全外，只有千金公主因百般献媚得以安宁，其余的或被杀、或自杀、或流放，惨不忍睹。

酷吏们打击的另一对象便是元老大臣。这些人每以唐家老臣自居，以匡救社稷为己任，对武媚的"倒行逆施"深恶痛绝。作为"回报"，武媚对他们防范甚严，只要稍微对武媚表示不满，甚至只凭诬告，就对他们下手。

冯元常是李治的信重大臣。他曾密奏李治："皇后权力太重，应该抑制一下。"

不知是谁走漏了风声，武媚得知此事以后，一直怀恨在心。再加上冯元常这个人特别耿直，经常在公开场合表达对武媚的不满，因此，武媚总想弄死他，只是还欠缺一个正当的理由。垂拱三年（公元687年），酷吏周兴罗织罪名，将冯元常逮捕入狱，武媚一声令下，冯元常被折磨、折磨、折磨而死。

据统计，从公元683年到公元690年，做宰相的共24人，在6年多的时间中，被杀或贬流罢相的就有17人。

但是，武媚毕竟是一位成熟的政治家，她任用酷吏是有限度的。27名酷吏除傅游艺外，即如周兴、来俊臣、索元礼等也无一授相职，只是让他们执法而不予他们执掌大权。在司法机构中又保留了狄仁杰、徐有功、杜景佳、李日知等一批执法公允的良吏。尽管这批能干优秀的大臣被酷吏们视为眼中钉，一再受到诬陷，但总是受到武媚的保护，这对整个政局的稳定起了重要作用。

女主临朝，日月当空——曌

武媚巩固了统治之后，已经不再满足于太后执政的地位。

她的男朋友薛怀义猜到武媚心思，伪造了一部佛经，献给武媚。那部佛经里说，武媚本是弥勒佛投胎到人世来的，佛祖派她下凡，就是要让她代替唐朝皇帝统治天下。舆论制造这就开始了。

垂拱三年（公元687年）二月，武媚下令拆除乾元殿，改建为举行祭祀庆赏大典的明堂，让比较精通建筑绘画雕刻艺术的薛怀义督造。明堂是一种与上天沟通、宣传皇权天授的象征性建筑，但它只在周朝时有过，后世并没有兴建明堂。武媚此举亦是在为她当皇帝作舆论准备。

这年四月，武承嗣指使人向武媚献上一块刻有"圣母临人，永昌帝业"的石头，说是从洛水中打捞出来的瑞石，这一看就是瞎扯淡。然而，武媚又利用这块石头大造舆论，将它命名为"宝图"，并给自己加上了"圣母神皇"的尊号。既是圣母，又称神皇，这是武媚要称帝的信号。

又过了几个月，有个叫傅游艺的官员，联络了关中地区900多人联名上书，大家都说，太后称帝，是顺应天命，民心所向。武媚一面表示不可以，一面给傅游艺升了职。众人一看，这不是升官发财的捷径吗？于是纷纷劝武媚做皇帝，据说当时文武官员、王公贵族、远近百姓、各族首领、和尚道士，上劝进表者有6万多人。

永昌元年（公元689年），武媚对老李家人再次举起屠刀，以谋逆罪名，诛杀了汝南王李炜、纪王李慎等人。牵连达数百家，李唐宗室人员或被杀，或遭流放。至此，李唐宗室已被清除殆尽。

经过一系列大清洗，武媚认为李唐王室再无人敢反对她了，登基路上没有障碍了，于是一把将儿子李旦从皇位上薅了下来，自己取而代之。改国号为周，中国历史上唯一一位正统女皇帝就这样诞生了。

这一年，武媚67岁，她创造了一项纪录，是中国历史上登基年龄最大的皇帝。

当了皇帝的武则天还给自己起了一个非常霸气的名字——武曌！日月当空为曌，相当地霸道。

关于这个"曌"字，还有一个颇为有趣的传说。

传说有一天，武媚心血来潮，想为自己取一个好名字，可是琢磨了好几日，还是没有找到最合适的，就决定向天下文人征求最吉利的字，于是一张征求御字榜文贴到了长安城墙上。

话说少林寺有一个烧火的和尚，叫明空，此人除了方丈教会自己的僧号，斗大的字不认识几个。

这一日，明空到洛阳买菜。买菜回来，到城墙处，他忽然觉得肚子疼，想上茅厕，抬头看到城墙上贴一张纸，也没细想就撕了下来，准备当手纸用。

守候此皇榜的御卒见好几日没人揭榜，就到一旁的西瓜摊吃西瓜。御卒吃完西瓜回来，正好看到明空揭榜，心中高兴极了：总算有人揭榜了，自己可以复命了。

然而，御卒见明空揭了榜，却想走，急了，上去就把明空拽住："和尚你不能走！"

明空见一个当兵的拉住自己，当时也是一脸蒙圈，问道："官爷，你为什么不让我走啊？"

御卒就把女皇征字的事讲了。

明空听后，一屁股坐到地上，昏过去了！——我就认识两个字啊！

等到御卒把明空叫醒，他哭得鼻涕一把泪一把，哀求道："官爷，我不知道是这么回事啊，我哪里会取字啊，我就认识两字，您放过我吧，我把御榜再贴上去，您看行吗？"

御卒一听直摇头道："不行，做人要有信用，揭皇榜就要去复命，你必须和我进宫！"

明空见求情不行，只好硬着头皮跟御卒去见武媚。

明空一路上又懊恼又害怕，懊恼自己莽撞揭了御榜，害怕自己会掉脑袋。但是，他不想就这样稀里糊涂地死了，于是脑筋一转打定了主意。

武媚听说有人揭了榜，很是高兴——是谁，这么有才？忙让揭榜人进殿。

明空颤颤悠悠进殿，见到武媚连忙跪倒请罪。武媚见进来一个和尚，又请罪，也有点蒙，问道："和尚，是你揭榜了吗，你为何请罪啊？"

明空低着头，一脸羞涩："我是出家人揭御榜恐怕不合适，有辱圣明！"

武媚一笑："没事，你倒说说你为我取的字是什么？"

明空到这时候只有豁出去了，说："我这个字，字典里没有。"

武媚好奇心被勾起来了，这和尚还能自己造字，不简单啊！于是说："那你写出来吧！"

只见明空歪歪扭扭地在纸上写了一个"曌"字，这是明空在路上想好的，他就认识自己这两个字啊，所以干脆把二字叠加，变个"曌"出来。

武媚一看这个字，呵，还挺独特，问道："和尚，这字怎么读啊？"

明空一愣，他哪知道啊！好在他脑子够快，眼珠子一转，说道："日月当空普照大地,就叫照吧!"

武媚听了大喜,赏赐明空10万两银子重建寺庙。明空欢欢喜喜地回寺了。

传说,后来武媚还为这个字作了一首打油诗:日月当空曌,则天长安笑;一朝作皇帝,世间我最傲。

需要说明的是,"则天"二字是武则天退位以后,儿子李显为她上的尊号,所以这首打油诗明显是后人牵强附会之作。

那么接下来,咱们就改称她为"武曌"了。

女人当皇帝,这在男权社会显然是平地起惊雷,也是不被传统观念所接受的。女人说了算,男人还有脸?所以武曌也被抹了黑,一些野史完完全全把她塑造成了一个荒淫无道、杀人如麻的坏女人。

一是一、二是二,武曌的确够狠,杀人不眨眼,也可能挺好色。但绝不是个只知道杀人的女恶魔。她当起皇帝来,一点也不比男人逊色。

举例,有实例才有根据。

一、开武举

给那些天赋在于打架而不在于学习的同学创造了一个崭新平台,物尽其用,人尽其才。后来挽救大唐于危难的郭子仪,就从这里走了出来。

二、广招才

鼓励下属举荐人才,还允许有能耐的人自己投简历,使那些来自社会底层家庭的同学有了出人头地的机会,神探狄仁杰就是通过这种方式登上历史舞台的。不仅保住了李唐江山的延续,还给我们带来了上百集的电视剧,以及数以亿计的票房业绩。

三、平吐蕃

吐蕃,这个她父子两代老公都没摆弄明白,时不时需要牺牲自家姑娘去安抚的大刺头,到了武曌手里,硬是被整治得服服帖帖,消停了、老实了,再也不强娶老李家漂亮妹子了。

武周时期，与周边各国的局部小战争，时起时伏，以胜利为多。武曌在位15年，基本上维护了帝国的统一、疆域的辽阔、国家的强盛。

所以武曌虽然是个女老板，但是一点也没给大唐拖后腿，承了上也启了下，一样的繁荣盛世景象，历史把她治理国家的这段时期，称为"贞观遗风"。

不说别的，大唐开国三帝，她的丈夫就占俩，由此下溯的17帝，无一不是她的后裔。单就此，她对大唐的影响力，怎么评价都不低。

武曌的霸气，也摆不平无奈的结局

武曌可以在一个男权社会里争得主导的地位，可以冒天下之大不韪登基做皇帝，在这个过程中一切艰难险阻她都无所畏惧，她相信自己可以主导这一切。但继承人的难题让她意识到，自己注定无法主导结局。

随着酷政的终结，帝位巩固了，政治气氛也随之得以改善，然而，武曌并没有感到舒心，在皇位继承人的选择上，她无力摆脱传统的束缚，从而陷入困境。

武曌改唐为周后，立即起用武氏子侄为宰相、为将军，臣下有功者也赐给武姓，又免去天下武姓的田赋，改文水县为武兴县，追封武氏先人，上谥号，立庙宇。显然，她是想传位给武氏子孙。

以武承嗣、武三思为首的武家子侄们更是跃跃欲试，甚至勾结酷吏迫害李氏宗室。武承嗣对皇嗣李旦的地位提出了公开挑战。长寿二年（公元693年）元旦，武曌在万象神宫（明堂）举行祭典大礼，她竟让武承嗣为亚献、武三思为终献，公开摆出武氏家天下的阵势。皇嗣李旦尴尬地站在一边。由此，李武两姓争夺储位的矛盾日趋激化了。

其实，武曌对皇嗣的问题也是左右为难：立本家子侄为皇储，可以保全她的武周政权，但继位的人是不会把她作为先祖供奉太庙的。而立儿子为储君，可以同夫君共享子孙的祭祀，得到名正言顺的皇太后位置，但这又必然使自己重新回到她亲手打破的传统中去。

一天，74岁高龄的武曌对狄仁杰说："昨天夜里，朕梦见一只大鹦鹉，两翼折断了，怀英，你怎么看？"

狄仁杰趁机借题发挥说："鹉者，武也，即指陛下，两翼即指陛下的两个儿子。陛下若起用两位殿下，两翼不就复振了吗？"

接着，这个特别能破案的家伙又别有用心地说了一句："臣长这么大，就没听说过侄子往祖坟里埋姑姑的……"

武曌一想，还真是这个道理，要不是怀英一席话，险些铸成大错。于是最终决定，把皇位还给那个当初被自己一脚踹下去的儿子李显。

圣历元年（公元697年）初，武曌派人把庐陵王李显秘密接回洛阳，皇嗣李旦知趣地请求退位，李显被立为太子。武承嗣眼看太子位到手又易人，一气之下，气死了。

庐陵王的复位，使一度紧张的气氛得到了缓和。武曌为了防止自己死后，武家子弟与太子再度纷争残杀，便召集起太子李显、相王李旦、太平公主与武家子弟，宣誓明堂，祭告天地，立下铁券，藏于史馆，让他们和平共处。由此，武曌赢得了最后一段比较安定轻松的日子。

然而，你以为女皇大人的人生从此就苍白了吗？你想错了！武曌是个爱折腾的人，一天不折腾，浑身不舒服。

这不，刚确定继承人没几天，老太太就闲不住了，通过爱女太平公主，找了两个漂亮的小男朋友，一个叫张易之，一个叫张昌宗。屋里屋外的事儿都交给两个小男朋友处理，连闺女儿子都得靠边站。李显这个太子又成了摆设。

篇四
与父子皆博弈，不称帝逃不过一生迷离

人一得意，就容易嚣张；人一嚣张，就容易疯狂；人一疯狂，往往自取灭亡。

如果张氏兄弟能轻点嘚瑟，好好陪女王走完余生，也许大家看在女王的面子上，还能让他们寿终正寝。但是他们膨胀了，太膨胀了！居然构陷罪名残害了李显的儿子李重润、女儿李仙蕙、女婿武延基。

于是在李、武两家的默许下，一个叫张柬之的老头带人冲了进来，劈了女王的两个小男朋友，并"劝说"女王赶紧把位子让给儿子，武曌无奈之下只得默许。历史上把这件事叫作"神龙革命"。

就这样，皇权在武曌手里走了一遭，最终又回到了李家手中。武曌光彩炫目的人生，也就基本结束了。

武曌的最后一年，是在软禁中尽可能地保持着一代女皇的尊荣。不过其实已不重要，对于一个耄耋老人来说，失去了最爱的权力和小男朋友，就算还有自由，也如同行尸走肉。

武媚与李治的爱情故事，其实就是一个成熟姐姐成功俘虏懵懂少年的故事。

作为女人，武媚的最大卖点不是漂亮，而是"媚"。所以李世民一看到她，就"赐号武媚"。武媚之媚，李世民扛得住，而对男女之情懵懵懂懂且荷尔蒙浓烈的少年李治，则只有做裙下之臣的份了。

李治性格偏柔，武媚性格强势，两个人的结合可以说形成了一个很好的互补，或许这才是他们能够相互吸引的根本原因。

然而，这天下所有男人，他们即使嘴上说可以接受强势女人，但接受的也是以他为主体、柔顺之余的强势，一旦女人强势过了线，男人不炸毛才怪。所以李治后来也想废掉武媚，结束两个人之间的爱情故事，但因为爱情，终究于心不忍。

不管怎么说，李治还是为自己痴迷过的武姐姐送上了一次非常伟大的助攻，将她从比丘尼送到了离女皇近在咫尺的位置上。而当这个女人走到

人生的尽头时，也终于柔情复燃，她要做他的女人，不再做皇帝，所以她去帝号，合葬乾陵。

或许，她对李治的爱，远不及李治爱她爱得那么深，但也许他是她平生唯一爱过的男人。

至于武媚的无字碑，究竟要向世人诉说什么呢？不知有没有她对爱情的忏悔。

篇五

盛世长恨，变了色的江山与留不住的美人

现在最悲惨的就是寿王李瑁了。他娘在时，爱屋及乌，他是大唐预定准太子，他娘一死，人走茶凉，他爹立马换太子，而且整天忙着谈恋爱和提升自己的音乐造诣，根本没工夫安慰他这个没娘的孩子。这让他很受伤。

然而，最大的伤害还在后面呢！

…… ……

妈妈死了，她被奶奶杀死了

长寿二年（公元 693 年），大唐皇宫中传出一个令人毛骨悚然的消息，皇嗣李旦的两个妃子刘氏、窦氏被武曌召入宫中，然后被乱棍打死，尸体被随便掩埋。

消息传来，大家都很震惊，李旦更是悲愤不已，但他是个妈宝男，他不敢和妈妈闹情绪，也只能打碎了牙往肚子里咽。

此时，正值武曌大搞酷吏政治之时，打小报告是一种时尚，朝中人人自危，政坛可谓极其险恶。此番大祸来自一个叫团儿的奴婢的诬告，她向武曌举报说，刘氏、窦氏用巫术诅咒皇帝，所以引发了武曌的震怒。有人说团儿是因为勾引李旦未遂，所以报复；还有人说她是想借这股告密之风为自己牟取私利。不管怎么样，李旦的两个爱妃就这样不明不白地死了。

李旦在母亲面前根本不敢表现出任何悲痛情绪，行为举止都与平常一样，那意思好像是说，妈，你杀得对！但有一个 9 岁的男孩悲痛异常，因为窦氏正是他的亲生母亲，他幼年丧母，而且父亲还被吓得战战兢兢不敢吭声，这对这个孩子来说，是怎样一个险恶的环境啊。

这个孩子可能从小就对自己的奶奶武曌没什么好感，对于李唐被篡权更是恨得咬牙切齿，七八岁时，他就勇敢地展示过自己的反抗精神。

有一次，他来上朝，带着车骑随从。武家子弟武懿宗看见这个孩子的队伍很整齐威武，于是想挫一挫他的锐气，便站出来呵斥车骑队伍。这个武懿宗是武家子弟中的"极品"，他的祖父是武则天的伯父，他本人算是武则天的侄子，不仅相貌猥琐，而且品质极坏，常滥杀无辜。所以男孩见他就生气。见武懿宗呵斥自己的队伍，他立即站出来指责说："这是我李家的朝堂，你算老几？竟敢如此放肆，训斥我的骑士护卫。"权势熏天的武懿宗被这个 7 岁小孩呵斥得目瞪口呆，武曌得知后，对这个孩子更是刮目相看。

武曌做女皇以后，有一次在朝堂大殿中宴请诸位皇孙，说是观赏子孙相互嬉戏，实则心机深沉的女皇是在观察后代，挑选事业接班人，为此女皇不惜命人取来西域国进献的宝贝玉环钏作为奖品，让李氏诸孙比试本领。其他人都表现得很积极，踊跃相争，唯独这个皇孙冷眼旁观，不为所动，武曌非常惊奇，抚其后背赞赏说，此儿当为太平天子。

虽然这个孩子获得了奶奶的宠爱，但他的母亲窦氏与嫡母皇嗣妃刘氏还是被奶奶冤杀，尸骨无踪，他只好在姨母和另一位小妈的照料下长大。这个孩子先被封为楚王，后改封为临淄王，兼潞州别驾。

大家先记一下，这个孩子的名字叫李隆基。

李显的悲哀——死了都要爱

神龙元年农历十一月二十六日（公元 705 年十二月十六日），武曌在上阳宫病逝，李显继位，史称唐中宗，历史还给了他一个非常响亮的昵称——六位帝皇丸！

李显为什么会有这样一个奇怪的昵称呢？因为李显本人是皇帝，他爸爸李治是皇帝，他妈妈武曌还是皇帝，他弟弟李旦也是皇帝，他儿子李重茂又是皇帝，他侄子李隆基还是皇帝。因此，大家亲切地称他为"六味帝皇丸"，和他一同享此殊荣的还有他弟李旦。历史上别无分号，只此一家。

在唐朝的皇帝中，李显是非常悲剧的一位，到底悲剧到什么程度呢？

东北零下37度，不及李显的悲剧度！

我们都能感受到，现在不管是个什么节，总有些甜蜜小情侣霸屏秀恩爱，但是在古代，在帝王家里头，这恩爱就秀不起来。

帝王家里的人，都有点不是人。至亲骨肉总相杀，最是无情帝王家！在帝王家里，如果一个窝囊皇帝碰上一个心黑媳妇，你猜会是什么结果？

历史上统共出现过两次帝王被媳妇虐杀事件：

一、最悲摧的媳妇杀——晋孝武帝司马曜，因为和媳妇开了个玩笑，就把小命葬送掉。

二、最窝囊又最悲摧的媳妇杀——唐中宗李显，媳妇想当女皇，馅饼令其消亡。

其实，窝囊男人从来都不少见，但多数还要点脸面，哪怕在朋友面前装装大尾巴狼，回家进不了房，起码有个态度在。要说窝囊得死心塌地还甘死如饴的男人，还真少见！有幸今天咱们见到一位，李显就是这种极品的存在。

李显的一生，被三个女人爱过，也被三个女人摧残过。

第一个女人生了他、养了他，也毁了他，后两个女人在逆境中陪伴他，最后亲手杀了他。

李显同志从他皇帝爸爸这边论，排老七，从他皇帝妈妈那边论，排老三，在目睹两个哥哥不明不白死去以后，打着哆嗦被他妈妈按到了龙椅上。

权力容易使人膨胀，人一膨胀就容易大脑短路，出于对媳妇100%的爱，李显同志说了这样一句话——"我就算把天下都送给我老丈人，又能怎么地！"

他妈妈知道以后，直接发飙了！——小崽子反了你了，老娘还没死呢！请你团成一个团，然后慢慢地，以比较圆润的方式，离开这个你不珍惜的位置！

李显同志这个皇帝当的，手下还没认全呢，就因为一个有点私心的人事提案，一句不走心的气话，说废就给废了。在位55天。

李显同志下野以后，被妈妈发配房州，开始苦熬年头，这一熬就是14年。内心脆弱的他终于患上了被迫害妄想症，总觉得妈妈要杀他，心想还是死了吧，死了就再不用担惊受怕了，这感觉实在太折磨人啦！

他没死成，是因为老婆韦氏的一声吼："早晚还不都是死，你能活成千年龟啊！多活一天是一天，没事瞎折腾个什么！"

一语成谶。

有感于这些年媳妇陪着自己颠沛流离，李显同志放下屠刀，立地发誓："有朝一日熬出头，你是咱家一把手！"

一语又成谶。

圣历元年（公元698年）的一天，武妈妈突然慈爱，召李显回洛阳养病，这可把李显吓死了——妈妈，你终于要动手了吗？

关键时刻，又是老婆韦氏站了出来，扶着软绵绵的李显，一路向京。到了洛阳才知道，原来不是杀头啊，是又要让他当太子。这个惊喜来得也太吓人了！

在武曌被架空以后，李显同志压力骤失，他开始履行自己的誓言。然而，就是这个誓言，让李显同志的故事比悲惨更悲惨。

再登皇位又摆脱妈妈控制的李显同志心花怒放，大封功臣，过足了皇帝瘾。他却不知道，又一个巨大的阴影在向他慢慢地靠近。

这个巨大的阴影，就是他的老婆韦氏。

韦氏也是个想搞事的女人，想象她婆婆一样搞大事。韦氏先把自己娘家人都安排进了领导班子，然后决定给自己找一座靠山，代价是李显必须戴一顶帽子。

韦氏找的这个政治情人，就是李显以前的竞争对手，大表哥武三思。

据说有一次，武三思进宫与韦氏玩扑克牌，赌桌就设在李显的龙床上，两人一边摸牌一边摸手，你骂我一句，我打你一下，好不开心。而李显也没闲着，拿个小马扎坐床边给二人计分，加加减减，好不忙碌。李显同志的胸襟，着实让人佩服。

说起来，李显不光有个好老婆，还有个好闺女。他的女儿安乐公主也想搞事情，想像她妈妈和奶奶一样搞让男人抬不起头的事情。

李姑娘生于李显同志落难时期，是个吃过苦的孩子，于是在愧疚心理与补偿心理的共同作用下，李显同志对这个七公主甚是溺爱。

李姑娘也很孝顺，总是怕她老爸累着，一心想替李显同志分担工作，时常向老爸建议让自己做皇太女。

李显同志虽然是个宠娃狂魔，但多少有点重男轻女的顽固思想，于是装傻充愣多次婉拒，李姑娘碰了几回软钉子，心里就恨上李显同志了。

另一边，皇太子李重俊感到了极大的威胁和恐惧，他决定，先下手为强，弄死韦后和李姑娘。

于是，李重俊找了几个掌管羽林军的兄弟，假借皇命，率领羽林军骑兵300人，冲入武三思的家里，一口气干掉了武三思和武崇训及其亲属党羽10多人，然后又自肃章门斩关而入，准备一举杀掉韦后、李姑娘和上官婉儿。

当时，李显刚刚举办完歌舞晚会，突然得到消息，自己的三儿子作乱了，连忙带着媳妇韦后、女儿安乐公主和小情人上官婉儿一起来到玄武门，急命右羽林军大将刘景仁率百余骑前来护驾，又急忙宣布命令，赦免一切跟从起事的人员。

众人一听，原来太子是矫诏啊！说好的人与人之间的信任呢？既然你不真诚，就别怪我们不仗义，于是纷纷弃戈投降，最后只剩下两三个死忠跟随李重俊落荒而逃。

他们逃啊逃，一直逃到陕西户县，大家都觉得很累，就在林中休息。那几个死忠突然说，对不起，太子，我们不想再过逃亡的日子了！刀光一闪，李重俊卒。

李重俊被杀，韦后集团权势更盛。

景云元年（公元710年），韦氏想做女皇的心按捺不住了，李姑娘对皇太女的渴求也压抑不了了，窝窝囊囊的李显同志在这娘俩看来，怎么越瞅越不顺眼呢？

母女二人一合计，要想搞大事，难免有牺牲，那就牺牲他吧，往死里整。

李裹儿："阿爸，太阳出来吃块馅饼好吗？"

韦后："老公，吃完馅饼我们一起回家。"

李显："我们三个就是吉祥如意的一家！"

李显同志开心地吃完馅饼以后，死了。

随即，韦后临朝摄政，立李重茂为帝，史称唐少帝。

李显的一生，就是一个比悲伤更悲伤的故事，先是有一个千年不世出的霸道母亲，又娶了个千年不世出的狠毒媳妇，然后生了个千年不世出的绝情女儿。母亲、妻子、女儿，三个男人生命中最重要的女人，却把他的生命摧残得不像样子。不知道李显同志在生命的最后一刻，心里想的究竟是什么。或许，结束这窝囊得不能再窝囊的生命，对他来说才是真正的快乐。

杀掉她们！保住我李家江山

李显的死，一下子惹怒了两个很厉害的人。

一个是后来站在大唐权力巅峰的女人——太平公主。

一个是后来站在大唐盛世顶端的男人——李隆基。

至于他们俩的关系，很亲近，李隆基是太平公主亲哥哥的亲儿子。

坊间有种说法，说李隆基对他这个小姑姑想法很不单纯，关于这件事情，笔者在查阅正史野史以后，可以很负责任地告诉大家：我也不知道真相。

太平公主，史官说她死有余辜，而笔者则觉得，这个角色挺悲剧的。

公主出生那年，武曌已到了不惑之年，标准的高龄产妇，老来得女，自然极尽宠爱。

时间过得飞快，转眼公主成了少女，这种顶级白富美，自然有不少人惦记。

吐蕃王："我嘴里嚼的是大大泡泡糖，我心里头想的是李家小姑娘。"

其实，拿公主换太平这种事儿，李家男人没少干，比较出名的就是文成公主进藏，不过，那些孩子大多是别人家的，嫁到南极他们也不心疼。这次不一样，人家吐蕃王点名要太平公主，把李治和武曌心疼得不要不要的。两个人灵机一动，直接盖起一座道观，把公主往里一塞——我女儿出家了！就这么把吐蕃王那傻小子给糊弄过去了。

就这样，公主做了女道士，太平最初是她的道号。之后的几年里，李治忙着头疼，武曌忙着当政，都把这个亲闺女给忘了，公主等啊等，一直等到十八岁。

公主心里急啊——我要再不出手，小鲜肉都得被别人挑走！

于是在一次家宴上，公主穿着武将装备就上场了。李治一脸蒙圈——这孩子什么时候有了异装癖？公主回答得相当有内涵，我穿不好看，驸马穿一定好看啊！

老两口这才反应过来，原来是女大不中留啊，于是立即开始海选驸马。

公主的第一个男人，叫薛绍，"谦谦君子温如玉，一见薛绍误终身"的那位，也是李治的亲侄子，太平的亲表哥。7年时间里，两个人就生了四个娃，相当恩爱，成为大唐的模范夫妻。

灾难这东西总是特别讨厌，往往在人最快乐的时候不请自来。

篇五

盛世长恨，变了色的江山与留不住的美人

有人密报，薛绍他哥想造反，武曌一听，这还得了？满门抄斩！不管公主怎么哀求，她妈妈就是不点头。

事还没完，后来公主发现，丈夫的死根本与谋反无关，而是因为当初自己嫁他，加强了李家势力，现在老妈准备登基，必须削弱李家势力！

自己的婚姻和幸福竟然成了老妈的政治牺牲品，公主从此性情大变！

公主的第二个男人是她自己选的，武攸暨，老武家的人，妈妈喜欢，人长得也好看，最重要的是老实。虽然是已婚男人，没事，把他前妻杀了就是，反正老妈说了算。

从这个时候起，公主开始不断找小男朋友，全国人民都看到了这道绿光，但武攸暨睁只眼闭只眼，因为他是老实人。

妈妈登上皇位以后，公主也开始登上大唐政治舞台，她先是帮妈妈除掉了不听话的小男友薛怀义，看到妈妈寂寞又空虚，又把自己的小男朋友张昌宗献了上去。

神龙革命，公主也有参与，两个哥哥一个做了皇上，一个做了安国相王，而她则成了镇国太平公主。

李显哥哥被一个馅饼弄死以后，公主再也坐不住了。

李家人做皇帝，可以，天经地义；武家人做皇帝，勉强也行，那是她婆家人；韦氏，算个什么东西！

公主一怒之下找到李隆基。

就在李显被毒死的这一年，李隆基被免了职，从山西回到京城赋闲，但他可不是一个闲得住的人。李隆基料到韦后有效仿武曌当女皇的野心，于是偷偷在长安羽林军中结交了一批有实权的猛人，他在等待一个时机。

另一边，韦氏按着自己的想法，踩着婆婆的步伐，走在夺权的路上。看似万事俱备，东风也刮起，可她就是当不了皇帝。

为什么呢？

人家武大娘，默默筹划几十年才完成的任务，她们娘俩上来就想捡便

117

宜，谁能同意？

于是公主一找到李隆基，姑侄俩一合计，必须宫变，必须除掉她们。

唐隆元年（公元 710 年）七月二十一日，李隆基身穿便服，进入禁苑指挥。

当夜，将近二更时，夜空的流星散落如雪，大家都觉得：天意如此，机不可失！于是，羽林军将领葛福顺突然暴起，带人袭击羽林营，斩杀数名韦后党羽后策反了羽林军。李隆基随后派两路人马分别从玄德门和白兽门杀入宫中，大家约定，在凌烟阁会师后以鼓噪为号。

三更时分，在玄武门外焦急等待的李隆基终于听到了宫中传来的鼓噪声，随即带兵入宫，内宫的侍卫们不战而降，纷纷加入了李隆基的队伍。韦后听到消息，仓皇逃进飞骑营，结果反被营中将领斩了首。

当时，李姑娘正在对镜画眉，听闻宫变慌忙外逃，结果在右延明门被追兵赶上，刀光一闪，一颗美丽的头颅掉落下来……

上官婉儿则比较有心计，她听闻宫变，急忙写了一张让李隆基的父亲相王李旦登基的诏书，藏在袖中，率宫女列队迎接李隆基，希望能讨好李隆基，免除一死。谁知李隆基看完诏书后，对手下说："这女人妖媚淫邪，整天在宫中乱来，怎可轻饶，斩了！"一点也不怜香惜玉。

随后，李隆基下令，全城搜捕韦氏集团人员，只要高于马鞭的男子一律斩杀，韦氏家族成员和韦后死党被李隆基诛杀殆尽。

几天之后，由太平公主出面，迫使刚上位十几天的李重茂让位给自己的叔叔相王李旦。李旦其实对政变毫不知情，什么事儿也没干，什么作用也没起，觉得这个皇帝当得很不好意思，所以固拒，后经众人轮番劝说，才一脸不愿意心中窃喜地表示同意。

其实在宫变之前，有人曾劝过李隆基，说把这事跟你爹说一声吧。李隆基当场拒绝，说这事要是成了，是祖宗保佑，也是大家伙的功劳；要是不成，我李隆基一个人担着。我怎么能告诉我爹呢？那不是坑我爹吗？李隆基坚决不坑爹，很值得后世效仿。

就这样，唐睿宗李旦与他的哥哥唐中宗李显一样，当了两次皇帝。李隆基因功晋升为平王。

姑侄之争，又一次血雨腥风

李旦重登帝位后，大唐又面临一个新的重大问题——由谁来当太子？

这原本是一个很复杂的事情，因为历来太子之争往往都带着血雨腥风，这一次却是出人意料地和谐，按规矩应该被立为太子的宋王李成器一心寄情于诗词歌画，对管理国家兴趣不大，因而非常固执地表示：这个太子我不当，让我三弟当吧，他对咱们老李家有大功！我怎么好意思居于三弟之上？

这些话要是让他们的曾祖李世民听到，不知做何感想。

李成器不想当太子，但有人想让他当，而且非常想。太平公主忌惮李隆基的强势，希望生性软弱的李成器当太子，因为软柿子，好捏，将来自己想怎么捏就怎么捏。但是，李成器死活不肯给姑姑这个机会。

就这样，平王李隆基因功被破格提拔为太子。

相比之下，李显的长子谯王李重福就很不识相了。李重茂被废以后，李重福认为自己是李显的大儿子，理应由自己来当这个皇帝，于是在洛阳发动兵变，跟天下人说，自己才是正统皇帝，还煞有介事地封李旦为皇太叔，李重茂为皇太弟。

可是李重福这个皇帝还没当几天，长安这边还没倒出工夫收拾他，他就被洛阳留守官员重创了，走投无路之下投河自杀。李重茂也受到哥哥牵连，被贬往湖北房县，20岁便离奇地去世。

至此，大唐朝堂之上，就只剩下太平公主与李隆基的权力之争了。

经过唐隆政变，太平公主的权势地位更加显赫重要，她的野心也更大，活脱脱的武曌翻版，寻常男人在她手底下根本走不过两招，只可惜，她遇到的这个男人同样强悍。

而李旦，则试图在儿子和妹子之间寻求政治平衡，以避免伤害到任何一人。

景云三年（公元712年）九月，天上出现了扫把星，公主说这是不祥之兆，并趁机挑拨李旦父子关系，暗示太子要篡位。

谁知道李旦却说："既然这样，我就将帝位传给有德之人，以避免灾祸。"于是毅然决然地把帝位让给了儿子李隆基，改元先天。

其实李旦这个人很狡猾，他妈妈和哥哥几次想弄死他，都被他不露声色化解了，说明他非常有脑瓜。现在他夹在妹子和儿子中间，谁都是他得罪不起的存在，那索性就把地方让出来，你俩掐去吧。

公主一看，偷鸡不成蚀把米，一计不成又生一计。她向李旦暗示：哥哥，授权也要控权，不然早晚玩完。

公主是想利用李旦遏制李隆基，不过人家确认过眼神，是亲爷俩，谁向着谁呢？于是，爷俩背地里商量，假装分下工吧，做个样子给她看，免得她起疑心，毕竟这女人还是很有实力的。就这样，作为太上皇的李旦仍保留朝廷三品以上官员的任免权和军政大事的决定权。

李旦的让位加剧了李隆基和太平公主的矛盾。双方都在积蓄力量，准备除掉对方。

李隆基虽然当了皇帝，但太平公主倚仗太上皇的势力专擅朝政，与李隆基发生尖锐的冲突，朝中七位宰相之中，有五位是出自她的门下，文臣武将之中也有一半以上的人依附她。此时的太平公主声势如日中天，已经动了废皇帝的念头。

篇五
盛世长恨，变了色的江山与留不住的美人

李隆基这个皇帝当得名不副实，处处受到姑姑挟制，委实非常憋气。这种情况下，李隆基决定像当初干掉韦后一样主动出击，针对姑姑再发动一次兵变！于是联合了刘幽求、张暐等一众得力干将，开始着手准备。

不幸的是，这次兵变直接流产了，因为张暐不小心走漏了风声。

当时，李隆基都吓呆了，如果在这件事上栽了跟头，别看他是皇帝，一样说废就废，弄不好性命堪忧。于是他马上主动上报太上皇父亲，甩锅给刘幽求、张暐，说是受了他们挑唆，才有这样的念头，李旦直接将二人流放，又以"坦白从宽"的名义将儿子保全下来。但李隆基的力量因此受到了重创。

堂堂一个皇帝，居然要通过兵变这种非法手段来夺取自己的合法权利，失败后还深恐皇位以及性命不保，皇帝当到这个份儿上，也是够窝囊的。

这次变故，也使李旦开始对李隆基有所戒备，他渐渐听进了妹妹的怂恿，生出废掉儿子的念头，准备支走李隆基，让他出京巡边，自己和妹妹好趁机行事，这让李隆基非常不安。然而，李旦天性优柔寡断，容易犹疑反复，此事经过反复搁置，又被无限期推迟了。不过，这加速了李隆基再次兵变的进程。

另一边，太平公主和她的小男朋友崔湜以及心腹窦怀贞、岑羲等人日夜谋划，决定先下手为强，实施"斩首行动"。

点背的是，他们慢了一步。

太平公主的"斩首行动"还没有完全实施，这边李隆基带着小弟们就已经动手了。

先天二年（公元713年）七月三日，李隆基决定先发制人，联合他仅剩的所有支持者，其中包括他的哥哥们、他的大舅子、他的贴心谋臣们以及他的忠心奴仆高力士等人，再次发动兵变。

当日，李隆基领300骑兵至禁军处，淡定传召姑姑安插在禁军中的两个心腹。二人只当是皇帝平常巡视，还没搞清状况，一露面就被秒杀。李隆基顺利控制禁军，之后领兵奔袭以宰相萧志忠、窦怀贞为首的太平公主党羽，将其诛杀殆尽。

志向远大的太平公主，女皇梦中尚未醒，就被李隆基利利索索将小伙伴们全部拿下，只身逃往了深山古刹。

三日后，公主自行回府，求情不成，满门抄斩，只剩下一个儿子薛崇简。

至此，老李家内部的相爱相杀终于暂时告一段落了。

不过，李隆基杀姑事件也给大唐留下了一个后遗症，就是宦官得势。

李唐王朝自开国以来，从不重用宦官，武曌虽然是个女人，但见识也不短。李隆基在形势所迫的情况下，不得已起用了以高力士为首的宦官势力，使得这群残疾人士重新登上了历史的政治舞台，也为大唐的将来埋下了祸根。

太平公主的一生，权势好像鬼魅一般，时刻在她周围缠绕。短暂的幸福婚姻之后，便是一辈子的争斗。她究竟是活成了自己，还是活成了另一个版本的母亲？若是前者还好，若是后者，指点江山数十年，只能算悲剧一场，从一出生就在所难免。

至于李隆基，他的故事还没完，休息一下，继续观看。

一不小心，整了个史上最强盛世

李隆基除掉姑姑以后，正式终结了自奶奶武曌起持续数十年的唐朝女祸，终于成了大唐独一无二的至尊。这个时候的李隆基英明神武，非常"识相"。他任用的宰相姚崇、宋璟、张说、张九龄个顶个是治国小能手，在大家的共同努力下，盛世之景如日方升。史称开元盛世，一个非常伟大

篇五 盛世长恨，变了色的江山与留不住的美人

的历史工程。

对此"诗圣"杜甫有诗可为证："忆昔开元全盛日，小邑犹藏万家室。稻米流脂粟米白，公私仓廪俱丰实。"国家之昌盛，物资之丰盈，由此可见一斑。

而国民经济的发达也引领了文化的空前繁荣，李白、杜甫、贺知章、孟浩然、王昌龄、王维、王之涣、高适、岑参……这些中国文学史上鼎鼎有名的人物，还有书法家"草圣"张旭、画家"画圣"吴道子、音乐家李龟年等艺术巨匠，都生活在开元年间，给后世留下了许多不朽的篇章。

李隆基不仅对内政进行了有效治理，对于边疆也进行了大力整治，一系列操作之后，终于将原来丢失的领地重新夺了回来。

早在李隆基即位之前，北方边境已是危机四伏。在武曌做皇帝的初期，契丹李尽忠利用当时的民族矛盾，煽动部下反叛唐朝，而且攻占了营州。武曌派兵反击，结果大败而归。此后，在长安三年（公元703年），安西地区的碎叶镇也被突厥攻占，致使丝绸之路断绝，严重影响了唐朝的声誉和外贸经济。

北方的领土在唐朝初年曾经统一过，而且设置了单于、安北都护府，分别管辖长城内外到贝加尔湖的广阔地区。到了武曌主政以及做皇帝时期，突厥人经常骚扰边境，还攻占了河北蔚县和定县，迫使唐朝将安北都护府南迁。

为了重新统一北方，李隆基采取了很多措施，为收复北方领土做准备。其重点是对兵制进行改革。

唐朝原本实行的府兵制由于均田制遭到破坏，致使农民逃亡，影响了军队的兵源。李治和武曌时期，两个人对军事都不太重视，到了李隆基做了皇帝，士兵逃跑现象已经非常严重了，军队战斗力极其低下，无法和强悍的突厥军队对抗。

开元十一年（公元723年），李隆基接受张说的改革主张，建立雇佣兵

制。从关内招募到军士12万人，充当皇家卫队，这就是"长从宿卫"，也叫作"长征健儿"，这次改革是从府兵制到雇佣兵制的转变。此后经过十多年的努力，李隆基将这种制度推广到了全国。这种制度取消了原来府兵轮番守边的做法，解除了各地人到边境守卫之苦。同时，这种雇佣兵还为集中训练、提高战斗力提供了有力保证。

除了对兵制进行改革之外，李隆基还采取了其他很多整军措施，如颁布了《练兵诏》，命令西北军镇扩充军队，加强训练。同时，任命太仆卿王毛仲为内外闲厩使，全力负责军用马匹的供应，这使短缺的马匹及时得到了补充，提高了战斗力。另外，为彻底解决军粮问题，李隆基又下令扩充屯田范围，在西北和黄河以北地区大力屯田，增加粮食产量。

在做好了充分准备后，唐朝逐步把营州等地收复，长城以北的回纥等族也自动取消了独立割据的称号，重新归附唐朝。安北都护府也恢复了，唐朝重新行使对长城以北土地的管辖权。唐朝的威望在西域重新建立了起来。

李隆基的一系列有效措施使唐朝的政治、经济、文化都得到了空前的发展，政绩甚至超过了他的先祖李世民，开创了中国历史上强盛繁荣、流芳百世的"开元盛世"。

然而，谁也没有想到，如此烈火烹油、鲜花着锦的盛世，却盛极反衰。天宝年间，李隆基开始纵情享乐，这时他身边的辅助成了李林甫、杨国忠这样的猪队友，一下子就把盛世大唐带进了阴沟，李隆基也从唐明皇堕落成了"唐明黄"。

后宫佳丽，4万有余，4万有余……

李隆基的人生从瞬间开挂，到崩塌成渣，除了不"识相"外，还有一个非常坑的原因，就是管不住心花。

唐朝风流帝李隆基，生来就是个英武不凡的帅气男子，史书上说他"仪范伟丽，有非常之表"。这样的男人，即使他不是皇帝，落入花丛中，也绝对是让众女子尖叫而无法自持的角色，何况他还是个皇帝！

有才有颜，有钱有权，这样的男人，想不花心都难。

据说，李隆基后宫佳丽4万有余，排成一字长队得N公里，别说挨个约见，就是挨个瞅一眼也得累得慌。怎么办呢？李隆基说我有办法，让她们投骰子，谁赢了就约谁。骰子从此有了个雅名，叫锉角媒人。

不过人这么多，分不清和谁约会过，又怎么办呢？李隆基说我还有办法，但凡约会过的，给胳膊上纹个"风月常新"的文身，这不就能区分了吗？

绝对的"黄"帝之才！

说起来，历史上好色皇帝真不少，但能像李隆基有创意的，真少。

其实，李隆基八九岁时，就有了明媒正娶的女人。姑娘姓王，官宦人家的千金小姐，贤良淑德，陪伴李隆基走过了最艰苦的那段岁月，无怨无悔地跟随夫君"闹革命"，那时，李隆基每每要做什么大事，王姑娘都主动积极参与其中，为丈夫出谋划策，消灭韦氏、除掉姑妈、请父皇下台，扶夫君上位。

李隆基一朝至尊天下，也没忘记糟糠之妻，如同刘邦对吕后一样，王姑娘顺利受封为皇后。然而，也就短短几年时光，贵为大唐国母的王姑娘的光芒便不知不觉地被接踵而至的美人们所掩盖了。李隆基，几乎忘却了她的存在。

第一个冲击王姑娘皇后地位的是赵丽妃，虽然她在风流帝李隆基的情感史上也不过是昙花一现，但当时是王姑娘遭遇的首场婚姻保卫战。

赵丽妃，原本是个闯荡社会的女子，她在潞州的时候，吸引了时任潞州别驾的李隆基，风流多情的李隆基一下子就被风情万种的赵女士勾了魂，自此包养起来，不允许别人再触碰。不久，索性收作偏房，宠作心肝。

当时，赵丽妃在李隆基心中的分量达到什么程度呢？李隆基立的第一个太子李瑛，就是这位失足妇女的儿子，李隆基敢冒天下之大不韪，立失足妇女所生的儿子为太子，可见对这位女子是多么心肝宝贝。

面对丈夫的移情别恋，王皇后也挣扎过，她哭着对李隆基说："您难道忘了俺爹当年脱掉身上的衣服，拿去换来一斗面给您做汤饼过生日的事了吗？"

然而，悠悠往事、美人眼泪，都只是徒劳。李隆基可能没有忘记老丈人当年的仗义，可……星星已不是那颗星星，姑娘也不是当年那个姑娘，皇后你皮肤松弛，脸色蜡黄，而朕如今身边繁花似锦，你叫朕如何把持得住呢？

李隆基生性风流，而且喜新厌旧，王皇后的失宠，赵丽妃的得意，都是很自然的事情，毕竟中国历史上几百个帝王，就出了一个朱祐樘。然而，夺去正室爱情的赵丽妃也没风光多久，就发现长江后浪推前浪，自己已经被新生代力量拍在了沙滩上。

那么，这回闪亮登场的美人又是谁呢？

隋唐第三冤案之又，又杀错人了

取代赵丽妃的这个女人，叫武落衡，史称武惠妃，她姑奶奶就是一手遮天的武则天，她儿媳妇就是艳绝古今的杨玉环。哎，又乱套了。

武落衡虽得李隆基的宠爱，当时朝廷上下却正处在一致反武的高潮中，武落衡作为武家姑娘，难免受到牵连，她想得到"妃"的名分，也一直是困难重重，直到多年以后，才升级为惠妃。不过，李隆基虽然只将她封为妃，宫中对她的礼节却等同皇后。

武落衡一生，共生下了四男三女七个孩子，是李隆基妃嫔中生育最多的人。然而频繁生育带给她的并不是喜悦，而是接连的打击和悲哀。

武落衡的第一个孩子名叫"嗣一"。这个名字代表着李隆基无比地欣喜——他觉得这是自己所有孩子中最好的、当之无愧的第一宠儿。可是，这个生得秀美的男孩未成年就夭折了，李隆基纵有满怀爱念，也只能追封他为"夏悼王"。

不久，武落衡又生下了一个好看得像画中人的儿子李敏。这个孩子和他的哥哥一样，还没来得及长成绝世美男，就死在襁褓之中。无可奈何的李隆基所能做的，也只能是追封他为"怀哀王"。

此后，武落衡再次生育，这次降生的是一个漂亮的女婴——然而结果也是一样，她很快就死了，追谥"上仙公主"。

儿女如此频繁地夭折，使李隆基和武落衡都吃不消了。尤其是武落衡，她开始怀疑是后宫中众多嫉恨自己的妃嫔搞的鬼，她隐隐地觉得自己的孩子都是被不知名的黑手所扼杀的。这种想法不单是她有，李隆基也满腹狐疑。

不久，武落衡第四次生育，生下的又是一个男孩，起名李瑁。为了让这个孩子远离危险，李隆基让自己的哥哥宁王李宪将孩子带出皇宫，养在宁王府里，由王妃元氏亲自哺乳并对外宣称他是宁王与嫡妃之子。费了这么大的周折，李瑁总算是平安长大了。而此后吸取了教训的武落衡也总算明白怎样才能保住自己的孩子——再往后她所生育的儿子盛王李琦、女儿咸宜公主、太华公主也都因此长大成人。

经历了三次丧子之痛，武落衡对其余的亲生儿女简直爱如性命，为了他们，她什么都愿意做，也什么都做得出来。

武落衡首先要做的，就是扳倒王皇后，让自己的孩子子凭母贵。

王、武两家也不知道有多大仇多大怨，王家闺女一做皇后就被武家闺女往死里整。不过在若干年后，王家闺女终于狠狠地报复了一把。

——王婆："武大兄弟，该吃药了！"

书归正传，一通神仙打架，武落衡终于斗倒了王皇后，不过李隆基让她坐后位，却遭到了全体同仁的一致反对，不为别的，就因为她是武家女人，武家女人太吓人了！

既然做皇后的事情凉了，那就全力帮儿子争太子吧。不得不说，武家女人真有手腕，也真够狠，她拉来李林甫做同盟军，两个人互惠互利地展开了合作。

李林甫这个人非常坏，口蜜腹剑了解一下。后来把唐朝搞垮的节度使之乱，他就是始作俑者。事情是这样的，在唐朝，节度使权力非常大，升级之后可以直接做宰相。李林甫怕别人威胁到自己的地位，于是建议李隆基大量提拔胡人做节度使，因为胡人没文化啊，没法跟他争宰相。李林甫的小心机玩得溜极了。

不久之后，武惠妃和李林甫这个心黑手辣二人组为了各自的目的，精心策划了一场政治惨案——隋唐第三冤案之又、又杀错人了！

篇五
盛世长恨，变了色的江山与留不住的美人

当时，大唐的太子还是李瑛，因为母亲赵丽妃失宠，偶尔会表达一下对父亲滥情的不满，武落衡一看，妥了，等死吧你！

武落衡："老公，你二儿子背地里说你老不正经！"

李隆基："什么！敢说我老！废他！"

这时宰相张九龄嗷地一嗓子："太子咋的了！你就要废他！你是亲爹吗？江山不要啦？"果然文化人，出口就是"五言绝句"，瞬间把李隆基给镇住了。

因为有张九龄等人抗议，此事只好暂时搁置，但武落衡团队贼心未死。没过多久，李林甫成功夺权张九龄，大唐的黑暗开始了。

这一次，武落衡下了狠招，不仅要冤枉你，还要实锤你。

她先是叫人四处散布流言，说太子李瑛与鄂王李瑶、光王李琚及驸马薛锈要抱团造反。李隆基将信将疑。然后，她又假传圣旨，召四人披甲带兵入宫。

结果四个小傻蛋一入宫，造反的罪名就被坐实了。李林甫趁机插刀："这是家事，别人管不着。"

李隆基等的就是这句话，问也不问、审也不审，杀了薛锈，废了三个儿子。

由于剧情发展太快，满朝文武大臣集体石化：咋回事啊？怎么说反就反了呢？没收到风声啊！这里面有情况啊！

明察不让，三位皇子的亲友团就暗访，武李心黑手辣二人组能调动的人手不多，阻挡不住，眼看就要露馅，这可如何是好？

武落衡眉头一皱，计上心来，她趴在李隆基耳边说："老公，你说太宗皇帝要是手不狠，皇位能不能坐得那么稳？"

武落衡推波助澜，怂恿李隆基说，废太子死党贼心不死，要强行拥立废太子。

这话说得相当有水平，一下子勾起了李隆基年少时腥风血雨的回忆，

真是越想越怕，索性圣旨一下，三个儿子全部秒杀。反正儿子多了不心疼，李隆基三十个儿子，杀几个也够用。

可怜三位含冤莫白的皇子，遭了亲爹的毒手，从被废到被杀，才短短半个月。

武落衡玩得一手好算计，成功达到目的，为儿子夺嫡扫清了场地，然而，老天就是不让她称心如意。

一方面，李隆基虽然被爱情迷了眼睛，但毕竟是个人精，事后一琢磨，心里门清。

另一方面，广大人民群众突然失去了王朝接班人，感情上有些接受不了，茶余饭后侃大山的时候免不了要互相交换一下对皇上和惠妃的看法。什么虎毒不食子、后妈在搞事，说得有声有色，这种情况下，李隆基怎么能顶风立李瑁为太子呢？

要命的是，这时武落衡宫中又出了事情——闹鬼！而且闹得很凶，据说是三位皇子化为厉鬼前来索命，依笔者看，应该是三位皇子亲友团的人在布局报复。

如果武落衡有她姑奶奶武曌那么强悍的心脏，甭说闹鬼，闹魔都不怕。

可是武曌这种神鬼无惧的人物毕竟千年不世出，武落衡不行，她心虚，害怕得不行，这一惊一咋的，就害了病，吃啥药都不管用。

所谓病急乱投医，武落衡一急，就用了最愚蠢的办法——她砍下了行刑者的头颅来祭祀三位皇子的灵魂，并以太子和亲王礼仪重新厚葬了他们。

这不光是在打自己的脸，也是在打李隆基的脸，啪啪地。这等于是在说，三位皇子是无辜的，是我和孩他爹一起给玩死的。

尽管能用的招都用了，可丝毫不起作用，三位皇子依然"阴魂不散"，而且越闹越凶，心理素质不过硬的武落衡就这么被"鬼"闹死了。

李隆基虽然对武落衡的罪恶一清二楚，但如花美眷瞬间消散，是真心不舍。毕竟儿子多不心疼，爱妃只有一个，于是继续让儿子们含冤九泉，把爱妃以皇后尊荣给风光大葬了。

据说，武落衡临死之前终于解脱了，她不再害怕了，她死得很安详，嘴角都挂着笑容，她觉得自己是大唐盛世天子一生最后的至爱，她很知足。她做梦也不会想到，自己的儿媳竟然接了她的班，光艳耀眼到不仅遮掩了早已失宠的王皇后、赵丽妃，连她也一并给屏蔽掉了。

寿王的悲哀

李隆基死了媳妇，太子还是要立的。只可惜武落衡费尽心机，小命还搭了进去，到头来机关算尽太聪明，反为他人做嫁衣裳，白白便宜了皇三子忠王李亨。

为什么不是李瑁？大家想想，真相已经是光头上的虱子——明摆着的事，若立李瑁，其他儿子怎么想？满朝文武怎么想？杀儿子的事情肯定会被说个没完没了，龙袍还没穿破就得让人指破，多闹心！

为什么是李亨？真相只有一个！

大哥李琮被貂所伤，二哥李瑛因爹而亡，论资排辈轮到了他。

现在最悲惨的就是寿王李瑁了。他娘在时，爱屋及乌，他是大唐预定的准太子，他娘一死，人走茶凉，他爹立马换太子，而且整天忙着谈恋爱和提升自己的音乐造诣，根本没工夫安慰他这个没娘的孩子。这让他很受伤。

然而，最大的伤害还在后面呢！

失去爱人的李隆基如丢了三魂七魄，后宫佳丽虽多，却没一个能扎进心窝窝，寡人空虚啊！寂寞啊！

这时有一个叫高力士的宦官对李隆基说："诶，皇上，你儿媳妇颇有武惠妃的风采。"

李隆基略微踌躇了一下："要不，见见？"于是也不管人家是不是自己的儿媳，当即吩咐召入宫中暗中观看。

李隆基诏令寿王妃杨玉环到华清宫沐浴。杨玉环被领到一个用白色玉石砌成的汤池，温热泉水从白色玉石雕成的莲花花蕊中喷涌而出，洒落在汤池里。杨玉环沐浴罢，如出水芙蓉，又娇弱无力，光彩焕发，明艳动人。

这样丰艳照人、风情万种的女人没法不让一个正常的男人动心，何况风流种子李隆基？李隆基傻眼偷窥一阵以后，缓过神来，觉得这不正是自己冥冥之中寻寻觅觅的人儿吗？

天生尤物的杨玉环，唤起了老男人李隆基的第二春。

不过清醒后，李隆基抑郁了，这事不好办，毕竟，那是自己的儿媳妇。

其实再伟大的人物，都有他的无奈之处。李隆基虽有三宫六院，佳丽四万，可他偏偏对这个儿媳妇一见钟情、神魂颠倒、无法自拔。这可如何是好？

这样的事情如果发生在当今，肯定会成为舆论焦点，当事者必然被大众口诛笔伐，但大唐是一个民风无比开放的时代。李隆基的奶奶武曌原本是他太爷爷李世民的小妾，后来出了趟家，被他爷爷李治接回宫中，岂不照样走上了权力的巅峰。

等等，出家！李隆基灵光一闪，计上心头。

他设计了一番表面文章，先是打着孝顺的旗号，说是要为自己的母亲窦太后荐福，便下诏令杨玉环出家做道士，并赐道号"太真"，命令杨玉环搬出了寿王府，住进了太真宫。然后，他将大臣韦昭训的女儿许配给寿王李瑁，并立为妃，以此来安抚寿王。五年之后杨玉环守戒期满，唐玄宗便下诏让杨玉环还俗，并接入宫中，自己养了起来。

篇五
盛世长恨，变了色的江山与留不住的美人

因为喜欢，所以必须霸占。只有皇帝想不到的事儿，没有皇帝办不到的事儿。

求李瑁此时心理阴影面积。真是娘死爹娶亲，娶的还是自己的小亲亲。

对此，唐朝诗人李商隐曾在诗歌《骊山有感·咏杨妃》中写道："骊岫飞泉泛暖香，九龙呵护玉莲房，平明每幸长生殿，不从金舆惟寿王。"此诗描述了李隆基抢走儿媳妇后，寿王李瑁的郁闷和李隆基的尴尬。

历史跟李瑁开了个玩笑，又何尝不是在跟李隆基、杨玉环开玩笑？在音乐方面极具造诣的两个人，居然出现在同一个时空里，碰撞出了激烈的火花。这对老夫少妻，把音乐当作交流的语言，保持着心有灵犀的默契，在文艺的道路上彼此欣赏着对方。

其实关于李隆基和杨玉环，历史上还流传着一个"三生三世"的神话故事。

这个故事出自清代小说《隋唐演义》，讲的是修仙者、小仙女与大妖兽之间没完没了的爱情纠葛，并且牵连了两大王朝、两大帝王、三大美女，相当有内容。

据说在很久以前，有一个叫孔升真人的班草，听老师讲课时溜了号，跟班花蕊珠宫女相视一笑，眉目传情，结果被抓了现行，双双罚下凡间重新修行。

据说还是很久以前，终南山有个叫皇甫真君的怪叔叔，养了一只怪宠物，是一只无比壮硕的老鼠，怪叔叔一生气就揍大老鼠，大老鼠日子过得很辛苦。

那时候孔升校草还没下凡，是个地地道道的爱鼠人士，他见到怪叔叔打老鼠，连忙劝阻："鼠鼠也是生命，众生平等，怎么能虐待它呢！"

后来，在孔升校草的强烈抗议下，这只巨型宠物鼠被允许转世投胎，享受一下人间真爱。

他娘生他时：但见一条金龙突然从身子里飞出，足有十几里那么长，张牙舞爪。正在那耍酷呢，猛地一阵暴风把他给吹了下来……

这个感觉是不是很熟悉？没错，小说中说，风流多情隋炀帝，就是那只宠物鼠转世。

而下了凡的孔升校草也来到了宠物鼠身边，变了个性，叫朱贵儿，为了给宠物鼠治头痛病，还割自己的肉做药引，把宠物鼠感动得立马对天起誓："生生世世，爱你久久，天崩地裂，也不分手！"

可见，杨广虽然是个暴君，但在他心里还是有真爱的，大家掐指算算，从古至今，有几个帝王能为妃子指天盟誓，要再续来生缘呢？

几年后，杨广扬州蒙难，朱贵儿骂贼而死，两个人的二世情缘也宣告终止。

差点落下个人。那位一同下凡的蕊珠宫女，这一世是个文艺女子，大家叫她侯夫人，十六岁进宫，二十四岁自缢，深宫独处八年整，未与君王一相逢。古代版的死后出名。她留下了三首遗书绝笔，令杨广感伤不已。

第一首

庭绝玉辇迹，芳草渐成窠。隐隐闻箫鼓，君恩何处多。

第二首

欲泣不成泪，悲来翻强歌。庭花方烂漫，无计奈春何。

第三首

春阴正无际，独步意如何。不及闲花草，翻承雨露多。

唉！明知多情苦，偏偏又多情，多少痴女子，为情误终生。

篇五
盛世长恨，变了色的江山与留不住的美人

由于这一世情缘未了，其中还有个约定加持，所以他们三个又投胎了。

朱贵儿活得伟大，死得光荣，连上面的大人物都感动了，说仗义，真仗义，这辈子你做皇帝！于是成了唐玄宗。

蕊珠宫女喜欢孔升校草两辈子，也未得偿所愿，上面的大人物都看不过眼了，说这辈子你俩做夫妻吧，把该了的都了了，别跟韩剧似的磨磨唧唧。于是转世为梅妃江采萍。

至于宠物鼠，这辈子还姓杨，小伙伴们都叫她胖嘟嘟。没错，正是肉感美女杨玉环。

说完故事，咱们书归正传，继续说唐。

公元742年正月，春寒料峭，李隆基正式将年号更改为"天宝"，给开元盛世画上了一个句号。

从此，李隆基就过上了日晒屁屁也不起，从此君王不早朝的惬意生活。此时此刻，他最大的乐趣就是给儿媳小娇妻写首歌、做支曲、编个舞什么的，当然，打情骂俏，你侬我侬才是生活的主旋律。

当然，想让老婆开心，光靠嘴哄不行，必须得拿出诚意来。

虽然杨玉环不是物质女，事实上她从娘胎里出来就不缺物质，但李隆基仍然大搞物质献媚，华服锦衣、奇珍异宝数不胜数，还特意花巨款从国外进口名贵胭脂和香水。

杨玉环长在四川，老家多荔枝，这种水果从小就是她的最爱。可惜首都长安天气凉凉，种不出来。为讨爱妻欢心，李隆基把运送荔枝当成国家大事来办，"一骑红尘妃子笑，无人知是荔枝来"，也不知道跑死了多少匹马。

在古代，一人得道，猫狗成仙，这是铁律。杨玉环成了李隆基的红人，老杨家一家子也都跟着迅速蹿红起来。

大姐封韩国夫人，三姐封虢国夫人，八姐封秦国夫人，堂哥杨钊升大唐宰相。

然后，杨玉环还顺便带起了一股重女轻男的坏风俗——遂令天下父母心，不重生男重生女。

当然，有人得意，就有人失意；有人欢笑，就有人哭泣，蕊珠小姐姐江采萍这一世还是个文艺美女，写得一手好诗，李隆基花了大价钱才给娶过来，蜜月期里，自然极是珍惜。

然而，随着胖嘟嘟杨玉环的得宠，江采萍也成了闲置的花瓶。

江美女有时也会对李隆基酸溜溜地抗议：撇却巫山下楚云，南宫一夜玉楼春。冰肌月貌谁能似，锦绣江天半为君。

三郎，恭喜你觅得一位肉滚滚的大美人，据说这位美人很有来历啊，你魄力可不是一般地大，祝你父慈子爱，过得愉快。

杨美女也不示弱，立刻回敬了一首：美艳何曾减却春，梅花雪里减清真。总教借得春风草，不与凡花斗色新。

我是仙花一朵，你是凡草一根，你拿什么跟我拼？哪个男人不喜新厌旧？你江采萍已是昨日黄花，消停点吧，在那酸什么？

女人吵架不可怕，就怕女人吵架还有文化。长夜生寒翠幕低，琵琶别调为谁凄。君心无定如明月，才照楼东复转西。江采萍得宠时，地方官争着抢着往宫里送梅花，现在新人胜旧人，马蹄声声，都是送荔枝来的。君王薄情，渣男寡义，人心薄凉，不胜唏嘘，江美女禁不住泪流满面。

最可恨的是，后来安史之乱爆发，李隆基这个没良心的，竟然丢下江美女，自己跑了。可怜风华绝代一佳人，为保清白，身裹白绫自尽井中。

唐爱牡丹宋爱梅，可惜江采萍生错了年代，只能说句，从来缘浅，奈何情深。

当然，夫妻怎能不打架，舌头哪有不碰牙。李隆基和杨玉环这对老夫少妻也不例外。

有一次，两人闹了个大别扭，杨玉环回娘家了。据说，是因为杨玉环太能作，李隆基受不了，就把她撵了回去。然后……

李隆基："你快回来，我一个人承受不来……"

觍着脸把人求回来以后，那叫一个心肝宝贝啊，简直爱不释手。

开玩笑，女人一尝到回娘家的甜头，怎么可能不重复使用。于是又一次大争吵以后，杨玉环一提包包，"小娘回娘家去了！"

李隆基这次也是出离愤怒了，不理她。

杨国忠教唆人去对李隆基说："不听话的女人的确该死，但应在宫中处刑，不必让她到外面受辱。"李隆基说行，那就召回赐死。

杨玉环深知李隆基的弱点，表情悲伤地回答道："妾身罪该万死，但除了皮肤和毛发之外，都是圣上所赐，今天死了，却无以回报。"说罢剪下一束秀发让太监转呈李隆基，并说："就用它做诀别的信物好了。"

李隆基手捧太监送来的秀发，惊骇、伤痛、周身战栗、百感交集，马上召杨玉环入宫，重归于好。杨氏兄妹的政治默契，简直令人惊叹。而每一次危机化解之后，李隆基和杨玉环的感情都会更近一层，杨玉环会更得宠，她的家人会得到更高的地位。正所谓磕磕绊绊到百年。

一朝选在君王侧，从此君王不早朝。承欢侍宴无闲暇，春从春游夜专夜。后宫佳丽三千人，三千宠爱在一身。金屋妆成娇侍夜，玉楼宴罢醉和春。姊妹弟兄皆列土，可怜光彩生门户。一场轰轰烈烈的不伦之恋，在兴庆湖畔，在骊山脚下，惊艳上演，直至天长地久有时尽，此恨绵绵无绝期。

有谁，还记得宫中曾有一位王皇后？

皇上，我安禄山要为你诛杀奸臣！

其实，如果李隆基只是风流成性，外加罔顾人伦，那他人生的下场还不致惨绝人寰，但后来的他越老越不"识相"，终于把自己与大唐推进了万丈深渊！

他那大舅哥杨国忠，市井混子一个，家里人见了都躲！到他这里硬给捧成了宰相！像这样混子出身又很红的权臣历史上还有两位：一位是高俅，一位是贾似道，无一不把大好山河搞得支离破碎。借用坊间一句话：没文化，真可怕！

杨国忠，本名杨钊，因为图谶上有"金刀"二字，请求改名，以示忠诚，李隆基给他赐名"国忠"。

杨国忠从小行为放荡不羁，喜欢喝酒赌博，因此穷困潦倒，经常向别人借钱，大家看见他就不烦别人了。

30岁那年，杨国忠在四川参军，决定洗心革面，从此发愤努力，表现优异，但因为上司看不上他，不受重用，拼命工作几年，反而更穷了。

杨玉环得宠以后，凭借裙带关系，杨国忠入朝为官。在宫内，他经常接近杨贵妃，小心翼翼地侍奉李隆基，投其所好；在朝廷，则千方百计巴结权臣，获得了高层人物的一致好评。不久，杨国忠便担任了监察御史，很快又迁升为度支员外郎，兼侍御史。在不到一年的时间里，他便身兼十余职，成为朝廷重臣。

随着地位的升迁，杨国忠在生活上也变得极为奢侈腐化。每每陪李隆基、杨玉环游幸华清宫，杨氏诸姐妹总是先在杨国忠家汇集，竞相攀比装饰车马，他们用黄金、翡翠做装饰，用珍珠、美玉做点缀。出行时，杨国忠还持剑南节度使的旌节在前面耀武扬威。

杨国忠为了向上爬，竭力讨好宰相李林甫，李林甫也因为杨国忠是皇亲国戚，尽力拉拢。在李林甫陷害太子李亨时，杨国忠充当党羽，积极参与其中。由于杨国忠恃宠敢言，所以每次总是由他首先发难。杨国忠与太子李亨的矛盾也由此越结越深。

李隆基之所以如此信任杨国忠，除了取悦于杨贵妃之外，主要是借以牵制李林甫的专权。同时为取代已经衰老了的李林甫作准备。后来在李林甫死后，杨国忠以侍御史升到正宰相，身兼40余职。

杨国忠执政期间，曾两次发动征讨南诏的战争。第一次，大败，士卒阵亡6万人，南诏投附吐蕃。第二次，惨败。两次攻打南诏，损兵折将近20万人。杨国忠专权误国、好大喜功、穷兵黩武，动辄对边境少数民族地区用兵，不仅使成千上万的无辜士卒暴尸边境，给少数民族地区造成了灾难，而且使内地田园荒芜、民不聊生。

杨国忠还有一个最大的特点：超凡脱世的醋精体质，谁红就要把谁弄下去。

当时谁在红透半边天？东北男人安禄山！

安禄山是个胡人，当然他与NBA篮球队无关，他是少数民族。

安禄山这个人最大的特点就是善于攀关系，他首先攀上的是幽州节度使张守珪，极尽巴结之所能认张守珪当了干爹，靠着干爹的提拔，安禄山在幽州混得如鱼得水，风生水起。

安禄山深知，自己朝中无人，没有靠山，想再往上升难如登天。所以他每次奉命去京城出差，都会带上大把银子，贿赂那些京官，希望他们在皇帝面前为自己美言几句。正所谓有钱能使鬼推磨，银子花出去了，安禄山果然在皇帝面前赚到了印象分，后来大唐在平卢设置节度，安禄山顺利竞选成功，从此可以进京面圣，得到了更进一步升迁的机会。

成为平卢节度使以后，安禄山继续大搞政治贿赂，继续让大家帮他说好话，于是李隆基对这个憨憨的胖子印象越来越好。

但，这样就够了吗？对于安禄山来说，不够。安禄山为了飞得更高，盯上了李隆基的亲亲小宝贝杨玉环。至于安禄山对杨玉环有没有非分之想咱不知道，但他最大的目的是走夫人路线，利用杨玉环来巴结李隆基。他是怎么做的呢？认杨玉环当干妈！

要知道，年龄上，杨玉环整整比安禄山小了16岁！但，这有什么关系呢？对于安禄山来说，这都不是事。而杨玉环又何尝不想结交一些军队要员，来巩固自己家族的地位呢？于是双方一拍即合。于是，杨玉环就有了一个比自己大16岁的干儿子。

有了李隆基和杨玉环的双重加持，安禄山在仕途上平步青云，成了冉冉升起的政坛新星。在唐朝，节度使这个职位，相当于现在的地方军区司令员，安禄山做到三镇节度使，等同于一个大军区的总司令，不是一般地牛。不过还有个更牛的，做到四镇节度使，这个人叫王忠嗣，忠臣，猛将，早就预言安禄山有反心，可惜被李林甫诬告陷害，降职下放，郁郁而终。他要是在，安禄山要造反还真得掂量掂量。

当时的宰相李林甫也经常为安禄山说好话，他的目的很明确，一是为了迎合皇帝，二是为了防止汉人节度使到中央做官，跟自己争宰相，所以力挺少数民族人士做节度使，因为他们文化底子薄，根本没法竞选宰相一职。

李林甫虽然是个文人，但他对拿捏安禄山却非常有一套，满朝文武安禄山谁也不怕，就怕李林甫，所以李林甫在时，安禄山一直不敢轻举妄动。那时他总是一副天真卖乖、人畜无害的模样，肥嘟嘟地跳着胡旋舞，转得就像超级大陀螺一样，哄得干爹干妈好不开心。并没有露出乖萌外表下的青面獠牙。

事情还是坏在了杨国忠身上。李林甫死后，杨国忠接任宰相一职，杨

篇五
盛世长恨，变了色的江山与留不住的美人

混混原本想和安胖胖做政治小伙伴，谁知安胖胖根本瞧不上他这个混子宰相。

"既然得不到你，就毁掉你！"杨混混酸心大作，就和安胖胖杠上了！他多次在李隆基面前告安禄山的黑状，说那东北胖子有谋反的野心和迹象。

实事求是地说，那时的安禄山，恃宠生骄，不可一世，但未必有反心。而且杨国忠也拿不出安禄山谋反的实质证据。因此李隆基听了，不过一笑，懒得理睬。

李隆基不管，杨国忠就自己斗，大唐的这潭脏水在两个混子的搅和下，越来越浑了。

终于有一天，被杠出火气的安禄山彻底爆发了，喊齐弟兄抄起家伙直奔皇宫而来，声称要将皇帝身边的奸佞杨国忠砍成几段。

和他一起搞事的，还有他的小兄弟史思明，于是这次造反运动就被称之为安史之乱。

直到这时，老眼昏花的李隆基才看清，安禄山肥腻圆滑外表下包藏的竟是一颗健壮有力的狼子野心。

别看安禄山平时替国家打仗软叭叭，一到自己创业立马牛哈哈，三百多斤的五花肉抖得虎虎生风，一路颠到长安。李隆基一看，寡人再不走，显然死定了，跑吧！

大军拿着大唐地图，向着四川方向一路疯跑，跑到马嵬坡这个地方，大家伙不干了，说好的一辈子羊肉泡馍，怎么变成成都小吃了？

大家觉得都是杨国忠惹的祸，好好的宰相你不正经当，去惹东北男人干什么？于是一通乱棍把他打死了。

打死杨国忠，大家伙觉得这事还没完，万一他妹妹事后报复怎么办？索性一不做二不休，逼李隆基下旨勒死了自己的儿媳小爱妻。

有道是"花钿委地无人收，翠翘金雀玉搔头。君王掩面救不得，回看血泪相和流"。乐天一曲《长恨歌》，无尽人间别离愁。

李隆基这次跑路，不光把老婆跑没了，连天下都跑丢了。

他儿子李亨心想，你儿子多不当回事，那你就早点让位吧，不然没准哪天就把我撸下去了。这位当机立断的李亨，就是大唐王朝唐肃宗。

不知大家有没有发现，唐朝前中期，太上皇特别多，也不知道他们到底触怒了哪路神仙，生的儿子怎么都这么坑爹。

一代风流帝王李隆基传奇而又浪荡的人生，就此逐渐落下帷幕，从此靠着怀念老婆过日子，人生再无光鲜时刻。

而《隋唐演义》中提及的那段修仙者与小仙女、大妖兽之间没完没了的爱情纠葛，到这里也彻底了结了。结局并不美满，但也许这就是爱情。

千百年来，受一些野史影响，可能很多人都觉得，杨玉环不是什么好女人，人们给出的理由似乎也很顺理成章，杨玉环长得太妖孽，自然就是大祸水。

笔者忍不住想问：长得漂亮难道有罪吗？

事实上，杨玉环称不上坏女人。她除了长得太好看，搞得宫中其他女子不受宠；爱吃点荔枝，累死几匹马以外，并没有什么可供人们大肆指责的劣迹。

假如不是李隆基浪荡至极，抢自己儿媳，杨玉环也许会一生平静，过一种悠闲的贵夫人生活，也许不会为世人所知。

假如李隆基对杨玉环的爱浅一点，或者明智一点，两个人也许会一起到白头，杨玉环也许会一生风光寿终正寝，也不致如花美眷零落成泥。李隆基那份孽爱不仅害了自己的国家，也害了自己真爱的女人。

安史一乱，生灵涂炭；黄河两岸，饿殍千万。历过劫的大唐王朝非但没有飞升，反而自此进入了不可挽回的衰落。

君王掩面救不得，妃子终究死了么

杨贵妃死后若干年，大诗人白居易在《长恨歌》里描述：平叛后李隆基由四川返回长安，再度经过马嵬坡，重新检视埋葬爱妃的墓穴，并未发现她的尸骨（马嵬坡下泥丛中，不见玉颜空死处），后又派方士四处寻找，没有任何结果。欧阳修的《新唐书》也证实了这一结果，它记载李隆基派使者秘密移葬，却发现墓里只有杨玉环遗留的香囊。由此，杨玉环尸骨失踪案引发了世人的热烈猜测。

有民间传说，杨贵妃并未死于马嵬驿，而是流落于民间。俞平伯先生在《论诗词曲杂著》中对白居易的《长恨歌》和陈鸿的《长恨歌传》作了考证。他认为白居易的《长恨歌》、陈鸿的《长恨歌传》之本意，盖另有所指。如果以"长恨"为篇名，写至马嵬已足够了，何必还要在后面假设临邛道士和玉妃太真呢？

俞先生认为，杨贵妃并未死于马嵬驿。当时六军哗变，贵妃被劫，钗钿委地，诗中明言唐玄宗"救不得"，所以正史所载的赐死之诏旨，当时决不会有。陈鸿的《长恨歌传》所言"使人牵之而去"，是说杨贵妃被使者牵去藏匿远地了。白居易《长恨歌》说唐玄宗回銮后要为杨贵妃改葬，结果是"马嵬坡下泥中土，不见玉颜空死处"，连尸骨都找不到，这就更证实贵妃未死于马嵬驿。值得注意的是，陈鸿作《长恨歌传》时，唯恐后人不明，特为点出"世所知者有《玄宗本纪》在"，而"世所不闻"者，今传有《长恨歌》，这分明暗示杨贵妃并未死。

还有一种离奇的说法，说杨贵妃远走美洲。中国台湾地区学者魏聚贤在《中国人发现美洲》一书声称，他考证出杨贵妃并未死于马嵬驿，而是被人带往遥远的美洲。

另有一种说法认为，杨贵妃逃亡日本，日本民间和学术界有这样一种看法：当时，在马嵬驿被缢死的，乃是一个侍女。禁军将领陈玄礼惜贵妃貌美，不忍杀之，遂与高力士谋，以侍女代死。杨贵妃则由陈玄礼的亲信护送南逃，行至现上海附近扬帆出海，飘至日本久谷町久津，并在日本终其天年。在日本，关于杨贵妃的种种传闻。据说在日本山口县"杨贵妃之乡"建有杨贵妃墓。1963年，有一位日本姑娘向电视观众展示了自己的一本家谱，说她就是杨贵妃的后人。日本著名影星山口百惠，也自称是杨贵妃的后裔。

随着时间的推移，关于杨贵妃之死的传说愈来愈生动，有一种论点是，这些传说离开史实也愈来愈远。这种论点认定，杨贵妃在马嵬驿必死无疑。《高力士外传》认为，杨贵妃的死，是由于"一时连坐"的缘故。换言之，六军将士憎恨杨国忠，也把杨贵妃牵连进去了。这是高力士的观点。因为《外传》是根据他的口述而编写的，从马嵬驿事变的形势来看，杨贵妃是非死不可的。缢杀之后，尸体由佛堂运至驿站，置于庭院。唐玄宗还召陈玄礼等将士进来验看。杨贵妃确实死在马嵬驿，旧、新《唐书》与《通鉴》等史籍记载明确，唐人笔记杂史如《高力士外传》《唐国史补》《明皇杂录》《安禄山事迹》等也是如此。

关于贵妃下落，现在越考证越多，但距离史实也许越来越远。粗略的史料和历代浪漫的文人墨章，给她身上罩上了越来越多的光圈，让我们了解得越多越看不清真相。

篇六

李杜悲话，上苍赐予的才华，填不平人生的落差

> 杜甫写完三首诗以后，一并发表出来，李白看到，心里一颤，写得也太好了，知己啊！再一看署名：杜甫，字子美。李白陷入了沉思……良久——"哦，原来是当年一起玩的那个小弟弟啊！"
>
> 李白思及旧人，满心感慨，一首好诗，脱口而出："吾爱孟夫子，风流天下闻……"
>
> …… ……

李白大笑当官去，心碎一地

说实话，笔者小时候就没少被古诗折磨，亲朋好友一聚会就——"给大家背首唐诗吧"。

现在，笔者脱离苦难了，终于可以反过来折磨读者朋友们啦！

既然咱们是说唐，笔者也网开一面，就不拿很霸道的《诗经》和《楚辞》，给大家上重刑了，咱们就说说唐诗和唐朝诗人那些事儿。

别高兴得太早！

唐朝诗人，今天知名的还有二千三百多人。其作品，收存在《全唐诗》中的还有四万八千九百多首。

不过，上天有好生之德，虽然笔者知识储备挺丰富，但考虑到读者朋友们的心理承受能力，就不一首一首地折磨大家了，只给大家讲讲有趣、有料的大唐那人、那诗、那些事儿。

说唐诗，李白往往首当其冲，不是说他写得一定最好，但名气一定最大。开玩笑，名气才是硬实力。

笔者也很喜欢李白的诗，那叫一个狂，但对李白这个人，并不迷之崇拜。还请李白的铁粉们多多担待，萝卜白菜，各有所爱。

李白这个人，一辈子都活在纠结中，心心念念着功名，却非要说，"安能摧眉折腰事权贵，使我不得开心颜！"说白了，就是啪啪打脸还充胖子，所以活得特别痛苦，也特别累。

正是这种性格上的两面性，导致李白的人生出现了严重的两极分化：前半生春风得意，后半生非常憋屈。

篇六

李杜悲话，上苍赐予的才华，填不平人生的落差

当同龄人王维已经红得发紫的时候，李白还在疯玩，游山玩水、玩剑术、玩音乐……什么都玩。当朋友圈都在给王维点赞的时候，李白一脸傲娇："当个公务员还得考！听说过保送没？"

李白不仅高调，他还很招摇，张嘴闭嘴就是"十步杀一人，千里不留行。事了拂衣去，深藏身与名"。不仅如此，他还经常对人吹嘘自己是皇亲，不过皇家不认这档子事，是个姓李的就想来认亲，皇家不胜其烦啊。

李白其实很有脑子，他深深知道，成功者积累知识和人脉的质和量。

李白因此结交了很多朋友，比如文学界大V贺知章，皇二代玉真公主，还有自称"相门子"的岑勋，等等。在这帮实力人物的举荐下，李白终于见到了李隆基。两个人一见面，真是越看越对眼。

李隆基当时就给李白封了官，不是众口相传的翰林学士，其实是翰林待诏，简单说就是陪皇上娱乐的角色，人很多，有写诗词的，有作曲的，有画画的，有算卦的……三教九流啥人都有。李白是其中待遇比较高的一个。

李隆基也算量才而用，让李白负责写诗，写歌颂他们一家子的诗。比如下面这三首：

其一

云想衣裳花想容，春风拂槛露华浓。
若非群玉山头见，会向瑶台月下逢。

其二

一枝红艳露凝香，云雨巫山枉断肠。
借问汉宫谁得似，可怜飞燕倚新妆。

其三

名花倾国两相欢，长得君王带笑看。
解释春风无限恨，沉香亭北倚阑干。

看着辞藻非常华丽，其实主题就一个——杨贵妃美，很美，非常美。

虽然这份工作怎么看与李白平时表达的宏图大志都不搭，但李白开心极了，咱做官了，还是个京官，于是各种发圈炫耀。一不小心就自曝了一段秘史——他尖酸刻薄地讽刺一个女人——会稽愚妇轻买臣，余亦辞家西入秦。仰天大笑出门去，我辈岂是蓬蒿人。

这首诗，据说是李白用来讽刺一位刘姓前任的。他俩好像也不是正式夫妻，就是在一起搭伙过日子。后来这位刘氏可能嫌弃李白整天喝酒不务正业，整天数落他，李白一生气，哥走了！

李白曾说刘氏"淫昏"，不知是确有其事，还是分手后的抹黑。

其实不怪刘氏看不起李白，李谪仙除了喝酒写诗吹牛皮以外，好像还真没什么高阶技能。偏偏他总觉得自己是济世之才，把谁都不放在眼里。要么让力士脱靴，要么让贵妃磨墨，要么天子唤来不上船，自称臣是酒中仙。

结果被高力士摆了一道，说他那诗中把贵妃比飞燕，是指桑骂槐。赵飞燕的确不是个好女人，燕飞来，啄王孙，实打实的红颜祸水。杨玉环一琢磨，有文化真可怕，于是就给李隆基吹枕旁风，送了李白一双又一双小鞋，李白因此更加不受重用。

委屈啊，相当委屈。一委屈就忍不住抱怨。

李隆基原本挺欣赏李白，但也知道，他只是个浪漫的天才诗人，是生活在幻想中的政治盲。李白这一抱怨，李隆基很生气。那什么，给他一笔青春补偿费，爱哪玩哪玩去吧。

李白郁结于胸，脱口而出："安能摧眉折腰事权贵，使我不得开心颜！"

——"不是他们辞了我,是小爷不伺候了!那种生活小爷不喜欢,我要去玩了!"这位大诗人永远也忘不了给自己脸上贴金。

正是这个时候,李白、杜甫、高适相遇了——醉眠秋共被,携手日同行。酒后同睡一张床、盖同一个被子,白天还拉着小手同行……画面相当温馨美好。

君臣不贤,杜甫颠沛流离那些年

杜甫差不多是唐朝诗人圈里最不如意的一个了。

其实,杜甫的爷爷杜审言做过高官,他的爸爸杜闲也做过朝议大夫、兖州司马,杜甫人生的起点并不差。所以年少时的杜甫也曾自信满满,意气风发,放荡齐赵间,裘马颇清狂。

出于这份自信和不羁,青年杜甫没有像大多数读书人一样去参加科举考试,而是像他的偶像李白一样,仗剑走天涯,广交天下客。就这样一直游荡到35岁,杜甫觉得玩够了,这才收起心前往京城求取功名。这时的他,依然自信满满。

但是幸福和意外你永远不知道哪个先来……

天宝六年(公元747年),李隆基可能觉得科举考试缺少新意,一板一眼,没有趣,因而萌生了一个非常有创意的想法,他要从乡野中招贤纳士,只要你有一技之长,都可以来朝廷应聘,通过面试,决定你能不能得到一官半职。这本来是件好事,但问题出在这次活动的主导者叫李林甫。

李林甫为了显示自己的工作业绩,显示所有人才都被朝廷录用了,同时也为了恭维李隆基的治国政绩,一句"野无遗贤",让所有考生的努力付之东流，也断了杜甫的仕途。

戏剧化的命运让杜甫备受打击，他在京城一点也不快乐，但又不得不困在京城，因为这时的他和李白一样，太想获得功名了。

从这时起，杜甫开始了长达十年的"京漂"生活。

为了实现自己的理想，杜甫开始给大唐高层写诗自荐，希望借此得到重视，获得一个施展才华，为国效力的机会。

杜甫想到的第一个举荐人叫韦济，时任尚书左丞。说起来，韦济的爷爷和杜甫的爷爷还是老同事，两家世交。有了这层关系，杜甫觉得问题不大。

此时的杜甫依然非常骄傲，他在自荐信中高调展示自己：

"甫昔少年日，早充观国宾。读书破万卷，下笔如有神。赋料扬雄敌，诗看子建亲。李邕求识面，王翰愿卜邻。"

——我杜甫少年时，就被邀请到京都来参观。我曾读熟万卷书籍，写起文章，下笔敏捷有如神助。我的辞赋能够匹敌扬雄，我的诗篇文采不输曹植。李邕你知道吧，大书法家，他想和我见面，也要看我有没有档期，写边塞诗的那个王翰，一再表示要和我做邻居，说实话，我都不太爱搭理他。

这首自荐诗既展现了自己的才华，又表达了自己为国效力的急切愿望，再加上两家的关系，杜甫觉得，找份好工作简直手到擒来。但一晃几年就过去了，韦济没有丝毫回应。

不过，杜甫没有灰心，没有丧气，更没有用酒精麻醉自己，他继续为自己写自荐信，他坚信这样一个道理：给你胜利的，是你自己的理想、信念和毅力。

读者朋友们想一想，我们当初立下志向的时候，为的是什么？还不是为了让自己的生命更有价值，让自己的一生不至于庸碌无为，浑浑噩噩。现在如果你因为某种原因想放弃自己的理想，不遗憾吗？的确，坚持做一件事情很辛苦，甚至可能不会得到想要的结果，但放弃了，就意味着你之前所付出的一切努力都要付诸东流，不可惜吗？坚持的过程虽然辛苦，但对于人生的意义已经超越了事情本身。

在杜甫坚持不懈的努力下，他终于得到了生平第一份正式工作——河西尉。

河西尉是个什么官？用现在话说就是河西县城管大队大队长，至于品级嘛，不说也罢。

杜甫一看，很委屈，我堂堂官宦世家，五辆车都装不下的学问，就让我干这个？不去！太羞辱人了！饿死也不去！于是继续写自荐信，这次官职换成了"右卫率府胄曹参军"。

这又是个什么职位呢？就是看管兵器盔甲的官儿，比河西尉级别高，待遇好，但也没有好多少。杜甫仍不满意，觉得太屈才了，但最后只能被迫接受，毕竟摆在眼前的生活问题，才最现实。

就职前，杜甫去了趟奉先（陕西蒲城县），看望寄居在那里的妻子，京漂了十年，没钱回家看看，想老婆啊！

没想到，刚一进家门，杜甫就看到了自己小儿子被活活饿死的惨相。联想到中晚唐官场的腐败黑暗，联想到这些年京漂生活的种种屈辱和苦难，杜甫悲愤交加，仰天狂呼："朱门酒肉臭，路有冻死骨！"

然而，这还不是最悲惨的。最悲惨的是，当你在绝望中好不容易燃起一点希望时，又被人狠狠地掐灭了！

杜甫本以为，有了工作，就能回馈一下家庭和社会，实现自己的理想抱负。谁知道"安史之乱"爆发了。

李白慷慨从军，结果从了个叛军

安史之乱爆发的时候，李白正在庐山隐居，每天"日照香炉生紫烟，遥看瀑布挂前川"，其实挺惬意的生活。

奈何他老仙家始终按捺不住那颗追求功名的心，一听说平叛急先锋永王李璘正在招人，快马加鞭就去了。

然而突然大权在握的永王猛然间冒出了一个大胆的想法——现在天下大乱，我又手握重兵，若能裂土为皇，起码也能弄个类似东晋那样的国家吧！

当李璘产生这个大胆的想法时，李白毫不知情，他还在那激情澎湃呢！

此时的李谪仙一心想着辅助贤王，谈笑间，樯橹灰飞烟灭，叛乱平定，然后自己加官晋爵，飞黄腾达，越想越兴奋的李白开心地写道："三川北虏乱如麻，四海南奔似永嘉。但用东山谢安石，为君谈笑静胡沙。"

——中原地区的安史叛军气势汹汹，北方地区的人民群众就像永嘉之乱时纷纷南逃。但我们的永王是谢安石一样的帅才，谈笑间就能为我皇消灭安史叛军。

李白的澎湃劲还没过，李璘就擅自调兵大举东进，兵锋直指扬州，正式扯起了造反的大旗。

要不说我们的李谪仙只会写诗，他并没有看清形势，还以为永王要去跟叛军大决战呢，于是本着幕僚的职责，也为了表现自己的才华和澎湃的心情，他一口气又写了十首《永王东巡歌》，为李璘积极地宣传造势。

结果，李白悲剧了。因为，在赞美李璘的那些诗中，有一首是这样写的："祖龙巡海不成桥，汉武浔阳空射蛟。我王楼舰轻秦汉，却似文皇欲渡辽。"

篇六
李杜悲话，上苍赐予的才华，填不平人生的落差

——秦始皇想浮海却造桥不成，汉武帝在浔阳射蛟也是空忙一场。我家贤王的舰队是为平叛而来，远非秦汉可比，最似太宗文皇帝渡海伐辽。

李白作这首诗，本意是吹捧李璘浩气英风，吹捧李璘大军将勇兵雄，舰队一到，必然所向披靡，旗开得胜，但他在诗中将李璘与秦始皇、汉武帝、唐太宗相比，再结合李璘的造反行为来看，这就是不折不扣的反诗啊！

李白就这么把自己拍成了逆党，如果他吹捧的李璘果真浩气英风，横扫天下，那李白倒是机缘巧合时来运转，可惜这位"贤王"远远不具备造反的实力。

李璘打扬州，杀丹徒太守阎敬之，一时间朝野震动，太上皇李隆基忙下诏废李璘为庶人，李亨也立刻派重兵前来围剿。

至德二年（公元 757 年），李成式率讨逆大军到达扬州地区，随即在这里举行了一场大阅兵，旌旗招展、杀声震天，李璘隔岸见状，慌了手脚。

当晚，唐朝政府军又燃起无数火把，星火倒映江上，点亮一片璀璨。

恰巧此时，李璘派人去摸政府军底牌，探子隔岸但见对面灯火辉煌，一时慌了神，竟把水中的倒影也算了进去，所以回报了李璘一个双倍的敌军数量。

李璘吓坏了，招呼都没跟弟兄们打一声，连夜奔逃。翌日一早，杀过来的政府军发现李璘跑了，众将一路追去。

此时，还有一个人在寻寻觅觅寻找李璘的身影，就是一心追随永王大展宏图的大诗人李白。

事实上，从始至终，李璘都没把李白太当回事，只是看他文采好，用来宣传造势罢了，可怜李白还以为遇到了伯乐知音，结果是黄粱一梦，惨被抛弃。

李白没找到李璘，结果被政府军找到了他，因为那组激情澎湃、壮志豪迈、拍马精彩的《永王东巡歌》，李白被认定为逆党成员，只等着秋后处斩。

高适大人，您就拉兄弟一把吧

李白在牢中受苦受难的时候，曾经和他一起玩耍的杜甫和高适，正经历着劫后重生。

安史之乱爆发以后，杜甫一分钱工资没领到呢，就顶着"敌方官员"的帽子被安史叛军关了8个月。跟杜甫一起被抓的，还有著名诗人王维。当时，王维的官阶比杜甫高很多，又跟公主打得火热，因此叛军对他很是"照顾"。而杜甫就不一样了，官儿太小，叛军觉得留着没啥用，每天还得供他饭吃，后来想了想，就又给放了。或许，这是杜甫唯一一次感觉到官小的好处。

杜甫一出狱，就投奔新皇帝李亨去了。他一边哭、一边写，一边写、一边跑。眼睛哭肿了，鞋也磨破了，破衣烂衫，让人好不心酸。李亨一见杜甫这没人样的样子，感动坏了："忠诚啊，这是用生命在投奔啊，快，封官！"于是杜甫荣升左拾遗，主要工作职责是负责指出皇上的政治决策失误，品级大概七八品，这是杜甫这辈子当过的最大的官儿了。

高适这个时候就比较厉害了，靠着敏锐的政治眼光，他先投奔李隆基，又转投李亨，芝麻开花节节高，做到了节度使。

然后，灭李璘，抓李白，他也参与了。这事对李白来说，的确挺意外。

作为站错队伍的政治犯，李白在监狱里度日如年，更让他叔可忍婶不可忍的是，变了节、给反动政府安史集团做过事的王维，竟然啥事没有！

事情的经过是这样的：

当时，李亨正准备砍了王维，王维大喊一声："刀下留人，我是卧底！"

篇六
李杜悲话，上苍赐予的才华，填不平人生的落差

李亨表示，拿不出证据，我一勺一勺剐了你！

王维打着哆嗦从胳肢窝里掏出一张被冷汗浸湿的厕纸，这是他在安史集团做事时偷偷在厕所里写的，只见他眼睛一红，哽咽着念了出来："万户伤心生野烟，百官何日再朝天？"

李亨瞬间又被感动了……

李白心里这个堵啊，都是写诗的，怎么就我运气这么差！

走投无路之下，李白只好拉下脸皮，给高适，这个曾经跟在他屁股后面蹭饭的小兄弟写了封求救信——《送张秀才谒高中丞》。

在这封求救信中，李白豁出老脸，把自己当年在皇宫写赞美诗的才能发挥得淋漓尽致，他说：

秦始皇无道，张良挺身而出降魔除妖，感谢黄石老人为苍生培养了这样一个伟大的人。

张良请雇佣军击杀秦始皇，虽未成功，但为民除暴的美名早已传遍六国。张良智勇冠绝万古，萧何、陈平根本不配与他齐名。

刘邦与项羽相爱相杀的时候，天地变色风起云涌，张良让樊哙在鸿门宴酒酣时舞长剑保护刘邦，千钧一发之际解除了刘邦的生命危机。鸿沟划界开始将形势逆转。张良英才谋略天下奇绝，黄石老人的美名也传遍人间。

高适公您就是当代张良啊，叛逆安禄山惊扰皇上，三色逆光扰乱天文星象。您镇守淮海，谈笑之间就扫除了永王之乱的妖氛。皇上采纳你的谋略策划，很快克除大难，你的功勋卓著，实乃我辈之楷模！

我李白倒并无冤屈的感觉，玉石俱焚是常有的事。我在事情发展的关键时刻有什么要表达的呢？也许流淌的泪水能说明一切。

最后还不忘提醒一句：咱们以前一起玩过。

可惜，高适不买账。

高适不是现实主义诗人，但他很现实，对于李白这种被打上政治错误

标签的人，还是敬而远之的好。

多亏李白当年到处玩的时候结交了不少朋友，并且又娶了个好媳妇宗氏，在大家的共同努力下，李白这颗头颅保住了，被判流放夜郎。

估计李白无论如何也没想到，当年很同情王昌龄的一句"我寄愁心与明月，随风直到夜郎西"，现在用在自己身上了。

好在，李白只是从犯，除了写诗拍马和自夸，正经事根本没让他参与，于是朝廷大赦天下的时候，他就重新获得了自由。

好了伤疤就忘痛，李大仙又开始嘚瑟上了："两岸猿声啼不住，轻舟已过万重山！"

太白故友：好久未见，你还好吗

当时的杜甫，与李白已是好久未见，听闻李白蒙难，却有心无力，心中好不愧疚。

其实这时的李白已经被赦免，正在前往江陵的途中。但杜甫身在秦州，地方僻远，消息隔绝，只闻李白流放，不知已被赦还，每日为李白忧虑，做梦经常梦到李白，于是就写成了两首诗——《梦李白》二首。

【其一】

死别已吞声，生别常恻恻。
江南瘴疠地，逐客无消息。
故人入我梦，明我长相忆。
君今在罗网，何以有羽翼？

恐非平生魂，路远不可测。
魂来枫林青，魂返关塞黑。
君今在罗网，何以有羽翼？
落月满屋梁，犹疑照颜色。
水深波浪阔，无使蛟龙得。

——死别的悲伤痛苦终会消失，生离的悲伤使人痛不欲生。你被流放的地方瘴疠肆虐，被流放的老朋友杳无音讯。你定知我在苦苦把你思念，你终于来到梦中和我相见。只怕见到的不是你的生魂，路途遥远万事皆难以预料。来时飞越南方葱茏的枫林，去时飘渡昏黑险要的秦关。你现在被流放已身不由己，怎么还能够自由地飞翔呢？梦醒时分月光洒满了屋梁，我仿佛看到你憔悴的容颜。江湖中水深波涛汹涌壮阔，千万别遭遇蛟龙袭击伤害！

情深意切！

【其二】

浮云终日行，游子久不至。
三夜频梦君，情亲见君意。
告归常局促，苦道来不易。
江湖多风波，舟楫恐失坠。
出门搔白首，若负平生志。
冠盖满京华，斯人独憔悴。
孰云网恢恢，将老身反累。
千秋万岁名，寂寞身后事。

——天上浮云日日飘来飘去，远游的故人却久去不归。夜晚我屡屡梦中见到你，可知你对我的深情厚谊。分别时你总是神色匆匆，总说能来相见多么不易。江湖上航行多险风恶浪，担心你的船被掀翻沉没。出门时搔着满头的白发，悔恨辜负自己平生之志。高车丽服显贵塞满京城，才华盖世你却容颜憔悴。谁能说天理公道无欺人，迟暮之年却无辜受牵累。即使有流芳千秋的美名，难以补偿遭受的冷落悲戚。

"想你，念你，却看不见你，太白，愿远方的你照顾好自己！"

之后，杜甫又做五言律诗《不见》一首：

不见李生久，佯狂真可哀。
世人皆欲杀，吾意独怜才。
敏捷诗千首，飘零酒一杯。
匡山读书处，头白好归来。

——没见李白已经好久了，他故作狂放的样子真让人心疼。世上那些人都恨不得杀了他，只有我知道他是个杰出的人才。他文思敏捷下笔成诗千首，飘零无依消愁唯酒一杯。匡山那有你读书的旧居，头发花白了就归来。

"太白，就算所有人都恨你，这个世上还有我懂你！"

杜甫写完三首诗以后，一并发表出来，李白看到，心里一颤，写得也太好了，知己啊！再一看署名：杜甫，字子美。李白陷入了沉思……良久——"哦，原来是当年一起玩的那个小弟弟啊！"

李白思及旧人，满心感慨，一首好诗，脱口而出："吾爱孟夫子，风流天下闻……"

篇六
李杜悲话，上苍赐予的才华，填不平人生的落差

险些，再一次成为逆党……

　　李白到了这一阶段，已然是落魄他妈给落魄开门——落魄到家了，他此去江陵，也是走投无路去投奔自己做县令的远房叔叔李阳冰，以求温饱，好歹保住读书人的尊严。

　　当时，暮秋天寒，菊花已残，井梧零乱，江湖路远，行人心酸。李白来到宣城外南陵县的五松山下，眼看日落西山黑了天，家家户户把门关，山野之地亦无客店，不敢在野地露宿的他只好冒昧地敲开了村口一户人家的房门。

　　开门的是一位四十左右的女人，她穿着粗布麻衣，面色蜡黄，瘦骨嶙峋，李白一见便知，这家人的日子肯定也不好过。但自己已然寒酸到如此境地，也顾不得那许多了，便上前致礼，诉说困难，请求借宿一夜，待明日晌午便继续上路，万分感谢云云。

　　女人表示，家中只有自己与婆婆相依为命，实在不便留宿男客。

　　李白闻言，惆怅不已，触景生情，长吁短叹，忍不住就要泪水涟涟。

　　女人见状，泛起了同情心，又见他一袭长衫，知道他是个落魄的知识分子，大概也不会做出什么不文明的事情来，略一踌躇，便将他让进屋中，随即打扫好厢房，让李白住下。

　　是夜，秋风乍起，寒意袭来，李白躺在带着人间温度的草席上，思及往事，辗转难眠，他想自己这一生，也曾"兴酣落笔摇五岳，诗成笑傲凌沧洲"；也曾"俱怀逸兴壮思飞，欲上青天揽明月"；也曾"五花马，千金裘，呼儿将出换美酒"，总觉得"天生我材必有用，千金散尽还复来"，谁

曾想，如今却落得"草木不可餐，饥饮零露浆"，对景伤往事，他彻底失眠了，直到东方泛起了鱼肚白，才勉强睡去。

李白醒来，已接近晌午，他是被饿醒的。无奈地看了看瘪瘪的肚子，李白转头向窗外望去，只见一位老婆婆在院中架柴生火，却不见昨日那女人的身影。正纳闷间，只见女人背着一个背篓从外归来。原来，战乱殃及，生活极苦，家中余粮，已然无多，为了招待贵客，女人天未亮便出门，前往村外五里的湖滩捡拾茭白，但战乱年头穷人太多，大家都来捡茭白，女人捡了半天，才只够蒸一盘调糊饭，所以回来时又去山上挖些了野菜。

饭熟后，女人先安顿好婆婆，安慰她说，等仗打完，她的儿子、自己的丈夫一定会回来，只要她好好吃饭，认真地活下去，总有一天会一家团圆。而后，她将手洗净，把一盘调糊饭毕恭毕敬地端到李白面前，跪下身来，双手捧起素色瓷盘，举过自己的眉头，请李白用餐。

李白看着盘中热气缕缕、干干净净的调糊饭，再看女人那憔悴消瘦的模样，一时间竟无语凝噎……遂作诗云：

我宿五松下，寂寥无所欢，
田家秋作苦，邻女夜舂寒。
跪进雕胡饭，月光明素盘，
令人惭漂母，三谢不能餐。

曾经无比傲娇的李白，无论如何也吃不下眼前的这碗调糊饭。曾经"天子呼来不上船"的架势，在眼前这位朴实的女子面前荡然无存，只剩下发自肺腑的无地自容。她究竟为何要对自己这般尊崇周至？难道仅仅是因为农人的朴实？难道仅仅因为自己是一个知识分子？李白陷入了沉思。

想想自己年已六十，一生纵酒狂歌，曾结交达官显贵、风流才子无数，甚至还和皇上、贵妃一起玩过，虽然写下了不少惊世骇俗的诗篇，但可曾

篇六 李杜悲话，上苍赐予的才华，填不平人生的落差

为底层人民做过什么呢？答案是没有，哪怕是接济穷苦人一碗调糊饭都不曾有过。自己空负谪仙之才，总说自己有济世之心，却一直汲汲于名利，谄媚于达官，怡情于仕宦，结果追来求去，名利、达官、仕宦全都无情地抛弃了自己，落难之时却需要自己从未顾及过的、农家女子这样的人供养，沉思到此，实在惭愧。

辞别农家，李白返回江陵，又老又病，落拓已极。

61岁那年，李白听说李光弼要去平叛，又澎湃了——"秦出天下兵，蹴踏燕赵倾！"

这就又拍上了，说李光弼一出兵，叛乱就能平定。貌似，李光弼后来也被定了个谋反的罪名，李白这个运气也真是世间少有。

所幸，他这次中途生病，没去成，否则这么大年纪，还能经得起牢狱之灾的折腾吗？

宝应元年（公元762年），李白的病情恶化，弥留之际，他将手稿交给叔叔李阳冰，让他编辑出版，书名为《草堂集》。随后赋《临终歌》：

大鹏飞兮振八裔，中天摧兮力不济。
馀风激兮万世，游扶桑兮挂左袂。
后人得之传此，仲尼亡兮谁为出涕！

——大鹏奋飞振动八极，中天摧折力所不济。虽被摧折，其余风仍可激扬万世，游于扶桑又挂住左翼。力虽不济，后人得此余风而可传此事迹。然而世无孔子，谁能为我的摧折而哭泣？

带着这种满满的不甘与悲戚，李白咽下了最后一口气，享年62岁。

关于李白的死，历来有很多说法，比如酒精中毒，病逝，喝醉酒去水里捞月亮沉溺。

不知道咱们的诗仙，临死之前是否放下了对功名的纠结呢？恐怕没有。

朱门酒肉臭，路有冻死骨

和李白不同，这一阶段的杜甫，总算熬出了头，度过了人生中最体面的一段时光。李亨给他的那个"左拾遗"，虽然官阶不大，但好处是可以跟皇上在一起玩耍，没事提醒一下皇上：陛下，您把这事儿忘了，您这个地方做错了……感觉还挺酷的。

这段时间，杜甫和贾至、王维、岑参成了同事，成了真正在编的大唐公务员，没事大家在一起写写诗，发发圈，相互点点赞，日子过得还算不错。

这天早上，贾至高调发文：我写了首《早朝大明宫》，大家多多指正，多多批评：

银烛朝天紫陌长，禁城春色晓苍苍。
千条弱柳垂青琐，百啭流莺绕建章。
剑佩声随玉墀步，衣冠身惹御炉香。
共沐恩波凤池上，朝朝染翰侍君王。

——银烛闪闪照亮了皇宫里漫长的紫陌，禁宫中春色苍苍。上千棵柳树在道旁亭亭而立，宫门外弱柳垂下的枝条拂动着门上的浮雕，黄莺随意盘旋，婉转的叫声回旋在建章宫上。文武官员身上的佩剑和佩玉发出轻响，臣子们鱼贯着走上大殿去，衣冠上沾染了御香炉里散发出的香气。早朝开始的那一刻，受到皇帝的恩宠而站在凤凰池上的臣子们，就要按部就班地协助君王治理国家了。

篇六

李杜悲话，上苍赐予的才华，填不平人生的落差

王维、岑参、杜甫点赞。

王维评论：写得真好，都看醉了。我和一首《和贾舍人早朝大明宫之作》：

绛帻鸡人报晓筹，尚衣方进翠云裘。
九天阊阖开宫殿，万国衣冠拜冕旒。
日色才临仙掌动，香烟欲傍衮龙浮。
朝罢须裁五色诏，佩声归向凤池头。

——头戴红巾的卫士不住报说寒夜欲晓，尚衣官员给天子呈上了翠绿的云裘。早朝的百官曙色中走进辉煌的宫殿，同万国使节向加冕悬旒的皇帝叩头。初出的日光晃动着君王的雉尾掌扇，浮动的香烟飘向了皇上的衮龙袍绣。罢朝后把天子的圣旨写在五色纸上，紫服玉佩的中书文官此刻纷忙不休。

岑参、杜甫、贾至点赞。

岑参评论：写得真好，都看醉了。我也献献丑，给大家来一首《奉和中书舍人贾至早朝大明宫》：

鸡鸣紫陌曙光寒，莺啭皇州春色阑。
金阙晓钟开万户，玉阶仙仗拥千官。
花迎剑佩星初落，柳拂旌旗露未干。
独有凤凰池上客，阳春一曲和皆难。

——雄鸡啼唱，大路上洒满黎明的寒光。黄莺鸟鸣声婉转，京城处处是一派暮春景象。宫里的晓钟敲过，千门万户一齐开敞，天子的仪仗排列在玉阶两边，环拥着百官进入朝堂。殿前花色与佩剑的闪光交相辉映，天边的晨星才刚刚消隐。飘扬的旌旗轻拂着柳枝，枝头还沾带着夜来的清露。

凤凰池上歌一曲阳春白雪，谁想唱和可真会知难却步。

杜甫、贾至、王维点赞。

杜甫评论：今晚还有酒，约吗？大家都写了，我也和一首《奉和贾至舍人早朝大明宫》：

五夜漏声催晓箭，九重春色醉仙桃。
旌旗日暖龙蛇动，宫殿风微燕雀高。
朝罢香烟携满袖，诗成珠玉在挥毫。
欲知世掌丝纶美，池上于今有凤毛。

——五更时分，漏壶滴水声声，催促着拂晓的来临。皇宫院内春色烂漫，桃花红艳醉人。烈日下旌旗如龙蛇舞动，微风中燕雀高飞于宫殿之上。大臣们退朝后衣襟都带着熏香味，挥笔便写出华美的诗章。贾氏父子世代执掌帝王诏书，实为殊荣；如此有才的也就他们一家了。

你唱我和，相互吹捧，有酒有诗，其乐无穷。然而，上帝他老人家又恶狠狠地来了……仅仅做了半个月，杜甫那份左拾遗的工作又丢了。

事情的经过是这样的。时任宰相房琯家中的琴师董庭兰收受贿赂，想借助宰相的权势帮人办事，为自己谋利，房琯虽然没有答应，但此事还是走漏了风声。李亨得知以后，雷霆大怒，说我的干部队伍一定要清正廉洁，绝不允许害群之马的存在，给朕罢了房琯的官！

当然，这只是表面原因，真正的原因是，房琯一直主张把李隆基从成都接回来。按道理来讲，这是一个臣子应尽的本分，但李亨可不这么看：你把我爹接回来，你想把我往哪搁？我俩到底谁当皇上呢？

所以说，罢免房琯是早晚的事，受贿事件只是及时给了李亨一个借口而已。

但杜甫可没这么高的政治觉悟，他很耿直地认为：宰相的琴师受贿，宰相最多承担个治下不严的责任，组织内警告一下，扣掉年终奖，就差不

篇六
李杜悲话，上苍赐予的才华，填不平人生的落差

多了，怎么还把宰相给罢免了呢？！没有这么玩的！不行，我作为左拾遗，一定要尽到我的职责，及时纠正皇上的错误！

显然，这一纠正，杜甫就直接撞枪口上了。李亨心想，你一个小小的左拾遗，连这种事情都敢掺和，你不知道自己是谁了吧！左拾遗，我看你是想作死！好，朕就成全你！来人啊……

这时，另一位宰相张镐急忙站了出来，说皇上你要是因为杜甫进言把他杀了，那以后就没人敢再给你提意见了！这样一说，才把杜甫保全下来。

事情发展到这个程度，稍微有点情商的人都会乖乖地闭上嘴，就算心中有啥想法，也不会再捍卫自己说话的权力。但杜甫偏不，又给李亨写了封信，一再申辩，表示自己没错，还说皇上你不杀我，不光是我的幸运，也是您的幸运，全天下人都会夸您做得对。

这简直……连用"得了便宜还卖乖"都不足以形容了！李亨忍无可忍：别让我再看见你，滚！于是，杜甫又被降职为华州司功参军，再次到地方基层打杂去了。

然而就连这个打杂的工作，杜甫也没有坚持下来。原因是关中地区闹旱灾，税收上不去，导致杜甫工资也发不下来，为了不使一家老小活活饿死，杜甫只得辞官而去。

成了无业游民的杜甫思来想去，决定去成都投奔自己的好朋友严武，严武当时任职成都市长兼剑南节度使，非常有能量，就给杜甫安排了一个"检校工部员外郎"的职位，其实这是个虚职，是严武照顾杜甫，给他挂个名吃空饷。

这段时期，杜甫半隐居在成都浣花溪的破草堂里，寄人篱下，又穷又病，但生活还算平静。

他依然会时常想起李白，这个时候他也逐渐理解，李白那纵饮狂歌的背后到底隐藏了多少心酸和无奈。

所以他再写李白，诗风也愈发沉郁起来。

165

可惜好景又不长，没几年，严武去了，失去靠山的杜甫再次颠沛流离，尝尽了人生苦难，也亲眼目睹了大唐帝国的由盛转衰。所以当安史之乱结束的消息传来时，杜甫欣喜若狂，他想返回洛阳，他想回到故乡。

可是，想法很丰满，现实很骨感，又病又穷的杜甫没有办法即刻启程，直到数年后，杜甫前往郴州亲戚那里求助，获得一些车马盘缠后，才踏上返乡的归途。

然而，又一个然而，杜甫再一次遭受了无情的打击。他的船行至耒阳地区时，突然间长江、湘江滔滔江水狂暴肆虐，杜甫被困在河湖港汊中无法前行，这一困就是 10 天。就在他绝食数天，奄奄一息的时候，耒阳县令获知了诗圣的不幸遭遇，派出多路人马展开搜救行动，然后按照那个时代关爱知识分子的流行方式，给他送去了一坛美酒和管够的熟牛肉。

杜甫看到美酒佳肴，眼睛都绿了，也顾不得文人的体面了，当即一顿暴饮暴食，一个可怕的后果随之而至——他那数日未进食的可怜肠胃，承受不起这突如其来的猛烈款待，无法启动正常工作模式，当晚，杜甫就病倒了，从此再也没有站起来。

大历五年（公元 770 年）冬，诗圣杜甫在冷风孤舟中溘然长逝，享年 59 岁。

百年歌自若，未见有知音

历史上，有哪个名人是另一个名人的忠实拥趸？请看杜甫诗集：

《春日忆李白》；

《冬日有怀李白》；

《天末怀李白》；

篇六
李杜悲话，上苍赐予的才华，填不平人生的落差

《梦李白两首》；

《赠李白两首》；

《寄李十二白二十韵》；

《送孔巢父谢病归游江东兼呈李白》；

《与李十二白同寻范十隐居》；

《苏端薛复筵简薛华醉歌》；

《饮中八仙歌》；

《不见》；

《遣怀》；

《昔游》；

……

而李白，也不是没有回应：老杜，其实哥哥我也是很想你的——《沙丘城下寄杜甫》。

只不过，跟杜甫一片赤诚的十几首诗比起来，李白连存疑的诗都算进去，也就四首。看起来，未免有些淡漠了。

李白的淡漠让杜甫不免有些心伤，他说"百年歌自苦，未见有知音"……

杜甫和李白不同，李白成名较早，虽然也是一生坎坷，仕途多舛，但好歹高力士为他脱过靴，杨贵妃为他磨过墨，唐玄宗为他降辇步迎、亲手调羹，终究这辈子是华丽过。而杜甫，一入官场便被埋没，从始至终压抑落寞，长年触景伤怀自吟自叹，生前少有读者。

第一个关注杜甫的是晚唐诗人元稹，就是一边泣吟"取次花丛懒回顾，半缘修道半缘君"，一边到处采春的那位大唐第一渣男。杜甫死后多年，元稹不经意间翻读杜诗，瞬间就被杜甫的才情惊艳了，他惊讶地发现，杜诗人留下的1400多首遗作，串联起来就是一个时代的缩影，这些诗里浓缩了王朝的兴衰、国家的动荡、战乱的惨状、百姓的疾苦，这些诗，汇聚在一起，就是一部另类的史书！

得知这位伟大的诗人连个墓志铭都没有，元稹满怀敬仰之情地为杜甫撰写了《唐故工部员外郎杜君墓系铭并序》，杜甫在去世多年以后，终于有人对他和他的作品给予了高度评价。

此后，杜甫的诗逐渐被人们喜爱和传颂，从唐代的元稹、韩愈、李商隐，宋代的苏轼、陆游、辛弃疾，到金代的元好问，明代的陈子龙，清代的钱谦益，或多或少都受到了他的影响。

杜甫被尊为诗圣，是在明朝，虽然这个荣誉来的有点晚，但好歹历史和文坛总算给了这位苦难的诗人一个公正的评价。诗圣之名，杜甫绝对担得起来。

我们很幸运，因为我们的历史上曾经出现过李杜这样级别的伟大诗人。唯一遗憾的是，他们的故事，残存的只是一些梗概，更多的细节，早已被历史的尘埃所掩埋。

篇七

宦官为患，党争不断，帝国在藩镇风暴中出现裂变

公元762年，某夜，月黑风高，一位蒙面杀手趁着月色潜入博陆郡王府，手起刀落，结果了这所宅子的主人。然而，他并未事了拂衣去，深藏功与名，而是淡定地留在犯罪现场……
…… ……

安史内乱：父子之间相爱相杀

简单回顾一下前情。

安史之乱，李亨趁他爸爸李隆基跑路在外，狠狠地坑了一把爹，"名正言顺"地做起了大唐新一届话事人。

李隆基被强行做了太上皇，能甘心吗？不甘心！——现在我斗不过你，但我能恶心死你，于是封李亨最要好的弟弟李璘做了四道节度使，意图很明显，你俩不是好吗？相爱相杀去吧！

结果，李璘不堪一击，还顺带坑了一把李白，李隆基也因为那颗骚动的心被关进了小黑屋，身边亲信全部撤去，没架子鼓可打，也没美女陪他玩。郁闷是生命的第一杀手，这话一点不假，没多久，李隆基就在孤独寂寞冷中死去，享年77岁。

所谓"没有比较就没有伤害"。李隆基挺悲哀，但有人比他还悲哀，李隆基好歹是做着太上皇寿终正寝的；安禄山，倒也做了太上皇，不过是"死鬼太上皇"。

安禄山一番折腾，总算圆了帝王梦，建立了大燕国，但这硕大的臀部还没把龙椅暖热呢，就被儿子安庆绪杀了，尸体往床底下一埋，棺材都没舍得买。还说他是主动让位，要做太上皇。

小安替天行道杀死老安后，同样顺理成章做了大燕扛把子，不过老安的部下们不服这个初生牛犊，其中最不服的就是安史集团二号人物史思明。

史思明当时在围攻太原，没想到不是李光弼的对手，被击退后回到范阳驻守，安庆绪封他为妫川王，兼范阳节度使。范阳本是安氏老巢，安禄山从各地抢来的珍宝多半都放在这里，已经堆积如山。史思明一下子成了顶级富豪，就想在范阳裂土为王，不受安庆绪的管制。

安庆绪料到史思明有二心，于是派了几个心腹带着5000骑兵赶到范阳，表面说是征兵，其实是准备随机应变，伺机而动，擒贼擒王。

史思明听说安庆绪派了不少人过来，知道他没安好心，便在营帐外设好埋伏，然后自己带着几万士兵前去迎接安庆绪的使者。见到对方后，立即下马行礼，握手叙旧，表面文章做得非常到位。史思明将使者领进客厅，奏乐设宴，盛情款待。酒酣耳热之际，老史突然扔出一只酒杯，这招在历史上都用烂了，叫掷杯为号，听到信号的刀斧手一拥而入，将安庆绪使者全部拿下，同时截住几人带来的队伍，给了些钱财，将其遣散。

事已至此，史思明干脆心一横，归顺了朝廷。

事实上，史思明降唐只是想暂时摆脱被安庆绪和唐军内外夹击的困境，李亨也不是看不出来，派乌承恩去搞策反，没想到这些藩将对史思明很忠心，转头向史思明告发了此事。李亨策反不成，反而把史思明给策得又反了。这就是著名的唐肃宗间谍门事件。

史思明再度反水以后，先是把大太监鱼朝恩统率的唐朝九镇节度使打得落花流水——史称相州之战，然后又送安庆绪去见了他爹。自己则做了大燕皇帝。

你们可能没想到，史思明做皇帝，也是过把瘾就死。死法跟安禄山一个样，都是被亲爱的儿子送到西天极乐世界去了。

史思明一死，叛军中就再没有牛人了，两出儿子杀老子的闹剧，使安史集团彻底走上了绝路。

忘记给大家介绍了，老史的儿子叫史朝义，安史集团最后一个大佬。其实是个庸才，唐军收拾他就跟玩似的。

史朝义干掉自己老子以后，在洛阳即皇帝位，改元显圣，同时派遣使臣至范阳，准备杀掉他爸爸最疼爱的小儿子史朝清，随后各派势力在幽州城内发生火并，史朝清被杀，大乱两个多月，死亡数千人，幽州城几乎变成了废墟。

史朝义虽然诛除了政敌，可皇帝当得并不舒服，他手下各镇节度使都是安禄山的老哥们，跟史思明地位平等，根本不把史朝义放在眼里，史朝义召他们来洛阳做安保工作，没一个人搭理他，史朝义无奈，为避免孤军陷入唐军重围，于是打算退回幽州。

但唐朝廷没有给他这个机会，宝应元年（公元762年）十月，唐代宗李豫以雍王李适为天下兵马大元帅率诸道节度使及回纥兵围攻洛阳，在洛阳北郊大败史朝义军，斩杀6万余人，俘2万余人，史朝义仅率轻骑数百东逃。

史朝义逃往郑州（治今河北任丘北），又被唐军围住，多次出战皆败，便留心腹田承嗣守郑州，自己率5000骑兵突围北去幽州求援，以解郑州之围。结果史朝义前脚刚走，田承嗣就开城投降了。

唐军追击史朝义至河北雄县，双方大战一场，史朝义败走范阳。这个时候，范阳守将李怀仙已经降唐，史朝义部队进不去城，士兵们觉得这个皇帝不值得卖命，不想陪着他一起死，纷纷离去。

史朝义仅率数百骑逃奔房山，房山地区守军表示：皇上，我们封城了，要不你再到别处看看？史朝义大骂一声不仗义，继续向北逃窜，想去契丹拉个赞助，他日东山再起，结果在河北丰润被原来的小弟李怀仙追上。史朝义众叛亲离，走投无路，钻进林中自己杀死了自己。历时7年多的安史之乱，至此结束。

安史之乱以后，大唐只能梦回盛世。

华清池没了胖嘟嘟的身影，唐明皇也不再指挥《霓裳羽衣曲》，摇晃的帝国勉强支撑。

虽然安禄山、史思明和他们两家的坑爹孩子只折腾了7年，但使中原动荡，千万生命死于战乱之中，随之而来的藩镇割据、宦官专政以及党争之祸，最终把赫赫盛唐推上了不归之路。

篇七
宦官为患，党争不断，帝国在藩镇风暴中出现裂变

郭子仪：你所有的福气，都藏在厚道里

唐朝自安史之乱以后，可以说是一步一个脚印地往阴沟里走，打这起，就再没有出现过一个真正厉害的皇帝。在乱糟糟的中晚唐时代，也许唯一令唐朝人民感到欣慰的，就是有郭子仪这么个人物出现。

郭子仪年少已成名，战斗力爆棚，可惜大半辈子活在太平盛世，埋没了一身本事，一直干着打酱油的差事。直到58岁那年，安史之乱爆发，才给了老郭横空出世的机会。

有些人一直蛰伏，默默无为，并不代表他是无能之辈，他可能只是在等一个登场的机会，然后瞬间大放异彩。

郭子仪闪亮登场第一仗，就打得非常漂亮！

当时，安禄山的主力部队正像潮水一样涌向长安，郭子仪心中一动，避敌锋芒，直插敌人后方，带着兄弟们从内蒙古冒了出来，瞅准安禄山手下一支非战斗队伍（估计多半是炊事员、卫生员、通讯员之类的），猛扑上去，大胜！

兵法云：最好的兵法，就是找打不过你的人打。郭子仪用兵果然如神。

虽然这场胜仗并没有得到多少同事的认可，但毕竟是安史之乱以来的第一场胜利，皇帝心里解气啊，那什么，嘉奖。

安史之乱没多久，安禄山不玩了，安禄山玩完没几年，李隆基也不玩了，但郭子仪还在玩，确切地说，他是被人玩。

安史之乱之所以打了将近8年，与李亨大搞帝王之术有很大关系。对他来说，收复河山不是第一位，第一位是巩固自己的皇权。所以他一面利用战将帮他打仗，一面又想方设法压制战将。

收复两京，郭子仪功劳最大，李亨亲自出迎，握着他的手浑身颤抖，"没有天哪有地，没有你哪有家，说多了显得虚假，看我怎么谢你吧！"

然后，相州之败，九镇节度使各自为战，没有统帅，但锅得有人背啊。那什么，郭爱卿，你姓郭……郭子仪默默将锅背起。

郭子仪被解了职，赋闲在京师，白天写大字，晚上训孩子，一代战神，闲得难受。

即便如此，职业素养超高的老郭，还是一旦皇帝有需要，召唤一声咱就到。但他的命运，仍旧像手纸一样，用完就被丢掉。

但手纸这东西，你还真离不开它……

唐代宗李豫，跟他爹李亨一个德性，整天觉得有人要背叛自己，上位不久就罢了郭子仪的军职，让他当"肃宗山陵使"，说白了，就是看坟地的。

广德元年（公元763年），吐蕃进犯长安，李豫无人可用，一下抓狂了。仓皇逃窜之际，李豫想到了那个男人，那个曾经把他父亲和爷爷接回家的男人。

老郭不计前嫌，二话不说，带着自己的20多人小队就出发了。你没看错！一代战神郭子仪手上现在就20多个人！这规模，跟笔者家小区的保安队差不多。

郭子仪就这样一边走着一边喊人，等走到地方人也喊够了，没费多大力气就把吐蕃人撵了出去。

转过年来，被逼谋反的仆固怀恩又联合回纥、党项、吐谷浑等国，组成联合国军30万人，表示要推翻大唐。

李豫急忙呼叫郭子仪，十分大方地给了他一万人马，让他再拉大唐一把。一万人马，可能不光是人，还有马，这摆明是想让郭子仪去送死。

但所谓"君要臣死，臣不得不死"，老郭咬碎钢牙和血吞，带着一万人马就上去堵枪眼了。

老郭和兄弟们到了地方，气还没喘匀呢，呼啦一下就被回纥军团给围上了。

弟兄们心惊肉跳，老郭却微微一笑："呐喊一声有我在，这一腔热血报效疆场，呐喊一声有我在，战旗上续写我们的荣光。"

回纥兵一见这帮人豪气干云的样子，差点给镇住，忙问："喂，小老头，你谁呀？"

郭子仪大吼一声："我是你郭大爷！"

回纥兵又一愣，仆固怀恩不是说郭大爷死了吗，我们才想着来打秋风，讨点便宜，怎么又冒出来个郭大爷。

回纥兵心里直犯嘀咕，打吧，怕是郭大爷，不打吧，怕不是郭大爷。

回纥兵拿火把仔细一照，还真是我郭大爷，郭大爷您身体可好，郭大爷您看着年轻不少……

读者朋友想必懵了，回纥人为什么管郭子仪叫大爷呢？因为在安史之乱中，郭子仪和回纥人是一个战壕的兄弟，是他们的老上级，回纥人很敬重郭子仪。倘若不是仆固怀恩诓骗他们说郭子仪挂了，他们是坚决不会来的。

回纥人验明正身，赶忙将郭大爷请到军中，好生款待。

酒桌上，老郭恩威并用，说这么地，你们要是跟着我干，灭了吐蕃，吐蕃的牛羊和美女都是你们的，成交不？回纥统帅点头哈腰：嗯哪，成交！

赶巧，仆固怀恩这时候暴死了，一场灾难又被老郭化解于无形。

消息传回京师，李豫狂喜，琢磨着怎么嘉奖郭子仪才有格调，鱼朝恩说这事我来办，于是就叫人把老郭家祖坟掘了。

祖坟被掘，是个男人谁能忍？李豫都快吓哭了，这个时候郭子仪要是发飙，大唐朝不就完了吗？

郭子仪知道这事儿以后，当时就哭了："都是我的错，这事都怪我！是我带兵多年造成的因果。都是我的错，打仗打太多！别人家祖坟也曾挖开过。我承认都是自己惹的祸，这件事怪我怪我都怪我！"

鱼朝恩差点喷出一口老血，这也太能装了吧！就这性格，想整他还真没辙！

没过多久，鱼朝恩不知道因为啥要请郭子仪吃饭，郭子仪准备去，大家不同意，说这不明摆着鸿门宴吗，要去也行，大家组团去，防止你被圈踢。

老郭又是微微一笑："虽千万人吾独往矣！"

鱼朝恩万万没想到，郭子仪竟然真敢单身赴会，情绪都给整崩溃了，哭着说："老郭，枉我一直与你为敌，没想到最相信我的人是你，就今天这饭局，换谁不起疑？"从此不给郭子仪使坏了。

郭子仪的逸事还有不少。

原安史集团悍将田承嗣，降唐以后成了一方军阀，凶悍狠辣，动不动就要跟李豫干架，逼得李豫主动和他做儿女亲家。

这哥们谁都不怕，但只要郭子仪的人一来，立马向西叩拜，指着自己的膝盖说："哥们这膝盖，没人折得弯，也就郭老大，不跪他一下，我自己都羞愧啊！"

汴州大将李灵耀，公开劫道，甭管公财私财，只要打这过，一律留下来。然而，郭子仪的财物路过此处，李灵耀非但分文不取，还派专人护送。

可惜，再厉害的人物，也躲不过阎罗的召唤。建中二年（公元781年），大唐最后一根支柱轰然倒下了。享年85岁。

五镇皆反，泾原兵变，天下大乱

郭子仪一倒，大唐就更热闹了。

比如，成德节度使李宝臣死在了工作岗位上，他儿子李惟岳就问唐德宗李适："大哥我能接班不？"李适说接不了！结果李惟岳就联合魏博节度使田悦、淄青节度使李正己，来了个三镇皆反。

李适脑袋一下子就大了，那什么，赶紧镇压。

好在镇压得法，没多久李惟岳就挂了，田悦和李正己被一通收拾，也成了软脚虾。

然而，一波还未平息，一波又来侵袭……卢龙节度使朱滔和成德降将王武俊为了争夺地盘，勾结田悦、李纳，又反了。史称四镇之乱。

李适气得肺气肿："咳……咳，那什么，李希烈，你从小打架就猛烈，你去把他们四个给我团灭了。"

李希烈一到地方："嘿呦，兄弟们混得都挺好呀，都称王了，一起干吧！"于是又来了个五镇称王。

李适闹心极了，就去找他的好搭档宰相卢杞商量。卢杞这个人长得非常丑，就是走大街上能吓哭小孩的那种，正所谓"相由心生"，卢杞的心肠也很丑陋，他当上宰相以后，嫉妒贤能，对有才华的人、不顺从自己的人、得罪过自己的人，必定要置于死地，以便大权独揽。

这个时候，卢杞正在整天琢磨怎样搞死以前得罪过自己的颜真卿，原本不想管这闲事，可他听李适说着说着，突然眼前一亮："皇上，这事儿太好办了，让德高望重的颜真卿去警告他们别闹了，他们自然就老实了。"

李适对此表示强烈怀疑，没听过老颜有这么高的威望啊，那他们要是不听呢？

卢杞表示，就算他们不听，咱们也没啥损失不是，可万一他们听了，咱们不是赚大发了？

李适恍惚觉得这个建议好像好有道理，于是立即下诏，让80多岁的颜真卿去告诉五位反王不许胡闹。

颜真卿接到这道命令，心知是卢杞使坏，可是能怎么办呢？君要臣死，臣不得不死，那就搭上老命报效国家吧，好歹自己还有拿得出手的书法供后人瞻仰临摹，这辈子也算没白活。

颜真卿来到李希烈大营，受到了李希烈的热烈欢迎，说颜老师，颜大知识分子，我现在诚挚地邀请您入伙，您这岁数我也不让您领兵打仗，给我们写写檄文就行，等推翻大唐，军功章里也有你的一半！

颜真卿正气凛然，严词固拒，正准备进行一场慷慨激昂的忠君爱国教育演讲，将叛臣感化，李希烈一挥手，几千名刀斧手"呼啦"一下就把颜真卿围上了，指着他一通臭骂，然后挖个坑，点上火，逼老颜往里跳。

颜真卿来的时候就有了"杀身成仁，舍生取义"的打算，也不跟李希烈客气，亮出一式大鹏展翅，就要往火坑里跳。李希烈连忙拦住，说颜老师你看你，脾气怎么这么大，跟你开个玩笑你就当真，我李希烈是不知道尊老爱幼的人吗？小的们，快把颜老师送到我精装修的天字号牢房去……

中晚唐第一书法家，狱中蒙难。

建中四年（公元783年），李希烈发兵猛攻河南襄城，却被河南汴宋滑亳河阳等道都统李勉逮到个围魏救赵的机会，于是上表给李适说："叛军精锐部队围攻襄城，老巢许昌必然空虚，我们不如直捣许昌，襄城之围可解。"李勉满以为如此妙计定然被上头采纳，于是不等李适答复便发兵攻袭许昌，可就在他带兵走到离许昌仅剩数十里的时候，李适的诏令来了，责备李勉擅自调动部队，把他一通臭骂。

为了控制下属，李适连胜负都不管了，命令李勉立刻原路返回，结果李勉在归途中被李希烈打了伏击，辎重兵械全部丢失。

压制了李勉，李适顿时有一种完美驾驭下属的满足感，就一个字——爽！爽归爽，可仗还是要打的，一旦襄城不保，洛阳也就悬了。所以李适急忙从西北抽调泾原兵马前去救援。

这支救援队伍由泾原节度使姚令言带领，一共5000人，途经长安时，大家觉得就算得不到皇帝的亲自慰问，起码也能得到些丰厚赏赐，毕竟这是把脑袋别在裤腰带上去干架，皇帝先生说什么也应该大大方方意思意思。李适其实也是很体恤士兵的，他怕士兵们饿到，就给大家送去了粗粮和咸菜……

士兵们出离愤怒了！敢情这是拿我们当猪喂啊！当场就闹了起来，越闹越气愤，事态一下子失去了控制，士兵们将不愿带领大家一起闹事的老首长姚令言架了出去，开始攻打皇都长安城。

李适摇摇头一声叹息，觉得这些士兵实在智商太低，5000人就敢冲击都城，你们拿朕的几万禁军当摆设吗？来人啊，下诏，让朕的精锐禁军前去镇压！

这个命令刚下达不久，泾原兵就杀进了长安城，李适完全懵了——朕的几万禁军竟然没有挡住区区5000人？这泾原兵战斗力也太变态了吧！

这时有人告诉李适："皇上，你哪还有什么禁军，禁军，不存在的！"

"不可能啊！"李适抓狂了，"你看我这有花名册，我每个月都按时发工资，从来不拖欠，福利待遇非常好，年终奖给的也不少，你怎么说朕的禁军不存在呢？"

人家又告诉他："皇上，你每个月高薪养军是不假，不过你的精锐禁军还是不存在，因为你的钱都被禁军统领吃了空饷，花名册上的人名都是虚构的，你快跑吧，要不然你就得一个人去战斗。"

"朕堂堂天子，怎么能跑呢？"李适还待要说，泾原兵已经冲破宫门，烧杀抢掠，刀刀见血！英明神武的李适当机立断："跑！"

李适撒丫子刚要跑，翰林学士姜公辅一把拉住了他，说皇上我们支持您伟大的逃跑计划，另外您记得捡小路跑、快点跑，千万别被叛军给逮到。但是，请您在逃跑之前杀掉朱泚，或者带上他一起逃！

李适百思不得其解，这朱泚又不是美女，带着他干吗？

姜公辅解释道："皇上，你是不是忘了？朱泚有个弟弟，就是卢龙节度使朱滔，五镇反王之一！你把他留在京城，恐怕是后患无穷！"

李适恍然大悟："爱卿果然想得周到，容我稍后处置。"接着，快马加鞭直奔陕西乾县，根本没把姜公辅的话当回事儿。

结果姜公辅一语成谶。

士兵们冲进皇宫，准备跟皇上要个说法，可耗子洞都挖开了，也没找到皇上。这时候大家也打累了，就坐下来商议，说当务之急咱们得找个领导，兵无将不动，蛇无头不行，没有领导咱们就是乌合之众，没有领导咱们的前途一片黑暗没有光明，咱们必须找个领导！

可一时之间去哪弄个领导呢？叛兵们把没来得及逃走的京官们聚在一起，准备从中好歹挑选一个，突然有人眼前一亮：哎呀！这不是朱泚朱老大吗？前任卢龙节度使，打架很有两下子，咱当兵的人，跟他混很放心。于是众人拥立朱泚为首领，带领大伙翻天覆地闹革命。

朱泚当上叛军首领以后，迅速派人与弟弟朱滔取得联系，打仗亲兄弟，上阵父子兵，两股力量很快结成联盟，此时，叛军已然占据大唐大多数重要地区，李家王朝再次面临生死存亡的考验。

不久，朱泚在长安登基，称大秦皇帝，反叛的五镇节度使此时也都已经自立为王，叫什么国号的都有，总之非常热闹。但朱泚硬是后来居上，因为他占据了帝都长安，这是其他人比不了的优势。朱泚登基后，将遗留在都城的皇族全部杀死，一时间血漫长安街头。

接着，朱泚派重兵前往乾县，表示要迎回圣驾，说是重兵，其实也就一万多人，但与李适相比还真是重兵，因为这位大唐天子此时手中只有几千人。结果一个要迎，一个拒绝被迎，两军一万几千人在杞县就鏖战上了，打了几个月，直打到李适弹尽粮绝，危在旦夕。

朱泚笑了，胜利就在眼前！可他还没来得及收回笑容，两支队伍便风尘滚滚杀将过来，朱泚定睛一看，来人是神策行营节度使李晟和朔方节度使李怀光，这是两员猛将，朱泚双拳一抱，拱手道："两位朋友，江湖路远，他日再见！"带着自己的人马一溜烟撤回长安了。

这前来救援的二将中，李怀光是地地道道的一介武夫，没有什么政治头脑，他在勤王途中就放出狠话，说天下大乱完全是卢杞等奸臣导致的，这次势必要除掉他们。卢杞等人非常担心，就不断在李适面前说李怀光坏话。

李怀光救驾有功，而且是大功，心潮相当澎湃，每天整理仪容，穿戴整齐，就等着皇上接见了。按理说，李适都衰到这步田地了，对不远千里

篇七
宦官为患，党争不断，帝国在藩镇风暴中出现裂变

拼命前来护驾的功臣理应隆重接待，最起码也要请人家喝顿酒，临别握握手，给个虚高的官职，好让人家如沐春风，更加拼命。但因为卢杞等人从中作梗，李适把这件事又搞砸了，他先是让李怀光在城外候旨，然后让人家直接去长安跟朱泚拼命。

李怀光火了，反心渐生，于是按兵不动，一再要求李适诛杀奸臣卢杞等人，李适这时还得靠李怀光平乱，被逼无奈，只得罢免他那些亲密的心腹们。

李适问李怀光："你现在可以动了吗？"李怀光还是不动。李适于是又给李怀光升官，让他做太尉，并赐丹书铁券，也就是我们常说的免死金牌。谁知道李怀光更加愤怒了，把铁券往地上一摔，嚷道："凡是君主怀疑臣子反叛，才会赐给铁券，现在皇上把铁券赐给我，这是叫我反叛！"于是反了，他这个逻辑，让在场的小伙伴们都惊呆了。

其实，李怀光可能并不是真心反叛，他一起事便公开表示："我现在要与朱泚联合，皇帝应该躲开。"这可能是给李适一个好心的提醒，于是李适又逃往汉中。李怀光并没有追击，也没有帮助朱泚，而是来到了河中，然后按兵不动。

至此，大唐只剩李晟一员猛将东跑西颠跟各路反王做周旋。

兴元元年（公元784年），在翰林学士陆贽的建议下，李适发布了一篇著名的罪己诏——《奉天改元大赦制》。在诏书中，李适言辞恳切地承认错误，表示都是自己的"胡作非为"才把大家逼上反路，宣布赦免李希烈、田悦、王武俊、李纳、朱滔等人的一切罪名。

李适这份罪己诏发布后，立即在叛军中一石激起千层浪。本来，田悦、王武俊、李纳、朱滔四镇发动叛乱，只是为了逼迫朝廷保持藩镇割据的现状，维护自己的既得利益，而不是真想推翻朝廷，更不是想尊李希烈或朱泚为老大，帮他们打天下。于是田悦、王武俊、李纳很快就表示愿意与朝廷和解，叛军联盟瓦解以后，唐朝廷迅速展开大反攻。

李晟火速收复长安，朱泚率部向西疯狂逃窜，跑着跑着突然被部将砍

了脑袋，于是他和他的国家一起被结束了历史使命。

　　李晟收复长安以后，李适曾派出使者到河中招抚李怀光，调他进京担任要职，李怀光身穿干净的白衣准备接受命令，谁知使者坏了事，他牛气哄哄地在众将士面前发问："李怀光军中谁能掌管军事？"这是什么意思？这是说我们的老首长要"风萧萧兮易水寒，壮士一去不复返"了吗？李怀光部众大怒，乱刀砍死了使者，李怀光无奈，只得继续反叛，但没过多久，同样被自己的部将斩了首。

　　至此，诸反臣中就只剩李希烈一个人在战斗了，毫无疑问，李希烈也死了，但他的死法比较有情调，他死在了自己强娶来的老婆手上。

　　这位奇女子叫窦桂娘，是汴州曹掾窦良的女儿，肤白貌美，才气逼人，因而被李希烈惦记上了，迫于李希烈的淫威，窦桂娘只好委身从贼。她临走时对父亲说："爸爸，请您不要为女儿担忧，我会想办法消灭他的！"

　　窦桂娘嫁给李希烈以后，深受宠爱，备受信任，但她初心未改，一心想着弄死李希烈。在这个伟大想法的驱使下，窦桂娘开始在李希烈部将中物色帮手，最终，她选中了一个孔武的男人，这个男人就是李希烈手下大将陈仙奇。

　　为了接近陈仙奇，窦桂娘先是和陈仙奇的老婆义结金兰，然后逮着机会就给陈仙奇讲爱国主义大道理，就这么三忽悠两忽悠，陈仙奇还真背叛旧主成了窦桂娘的心腹。

　　再然后，陈仙奇在窦桂娘的安排下，设计毒死了李希烈，李希烈到死也不知道，他竟然死在了自己最信任的兄弟和最心爱的女人手里。至此，这场险些导致唐朝亡国的叛乱终于被逐步平息。

　　然而，大唐的祸乱并没有到此为止，反而越演越烈。

二王八司马，朝廷又乱了

唐朝经过安史之乱，君主对朝臣失去了信任，相比之下，他们觉得自己的身边人才更靠谱，这个时候，太监雄起了！

说到唐朝大太监，很多人的第一反应想必是：高力士。

这位公公因为和全民偶像李太白结了梁子，因而在人民群众中具有极高的知名度。

不过高力士坑李白这事，出自野史，到底真不真实，还有待商榷。

事实上，高公公人并不坏。高力士一生，没有利国利民，但也没有祸国殃民。而且他曾暗示李隆基克制李林甫、贬谪安禄山、弃用杨国忠，不过老李没听。他对李隆基忠心耿耿，在得知李隆基死讯以后，痛哭不已，绝食呕血而死。被称为"千古贤宦第一人"。

如果要追查唐朝太监掌权这件事的源头，的确是从李隆基和高力士这对好朋友开始的，但要说专权祸国，则始于李亨时代的李辅国。

李辅国原名李静忠，后来李亨给他赐名李护国，然后又改成了辅国。

与高公公的热爱学习不同，李辅国只是粗通文墨，而且他还有一个致命弱点——长得让女人很揪心，男人也恶心。

于是刚进宫那会儿，太监大领班告诉他，你养马去吧，马不嫌你丑。

不过，李辅国养马养得确实不错，这也许是上帝在给他关闭两扇门的同时，为他留的一扇窗吧，透过这扇窗，李辅国爬到了李亨身边。

李辅国的发迹始于安史之乱，安史之乱制造将星，也制造灾星。

当时，李隆基在狼狈逃命。李辅国趁机挑唆李亨父子关系："太子，你都当爷爷的人了，还做太子呢，你愁不愁？要我说赶紧跟你爹分家，另立山头。"

就这么地，李辅国成了李亨的"开国功臣"。

李辅国本以为靠着李亨，就能万事亨通，谁知李亨没有万岁的命，皇帝没当多久，就准备往西天走。而利益结盟者张皇后，这时也因为继承人问题和李辅国闹翻了。为了既得利益能和自己白头偕老，李辅国决定再干一票大的。

宝应元年（公元762年），李辅国与程元振发动禁军闯入皇宫，捕杀张皇后，吓死唐肃宗，拥立唐代宗。太监废立皇帝的序幕就此拉开了。

这一来，李辅国成了"两朝开国功臣"，档次瞬间又拔高了，他也因此越发猖獗，大大咧咧地对唐代宗李豫说："皇上你在宫里坐着卖呆儿就行，外面的事情听老奴处决！"

李豫心头顿时有一千万个李辅国他大爷呼啸而过：听你处决个头啊！你这摆明是想把小爷弄成傀儡，小爷先处决了你再说！

李豫毕竟做过几天天下兵马大元帅，是略通兵法的人，没有和手握禁军的李辅国硬碰硬，而是先麻痹李辅国，尊他为"尚父"，把他和姜子牙相提并论，然后又晋封他为大司空、中书令，使李辅国万人之上，得意忘形。暗中，李豫却收买李辅国的小弟程元振，许诺事成之后好处大大地有，之后任命程元振、药子昂为元帅府行军司马，分解了李辅国对禁军的掌控权。

皇帝的这波操作，明眼人都看出了端倪，李辅国老奸巨猾，自然早已有所警惕，于是他主动提出辞职，想摸摸皇帝的底牌。很快，一道圣旨下来了：不准！尚父，朕需要你！尚父，你是不是嫌官小？朕给你封王！李辅国又被加封博陆郡王，太监既当宰相又封王，在大一统的王朝里，李辅国还是头一份，于是他又有些麻痹了。

李豫其实恨不得将李辅国当众凌迟，但他不能公开李辅国的罪恶，明正典刑。因为如果这样做，他爸爸李亨就会担上有眼无珠、宠信奸佞的恶名，而他爷爷玄宗和他爸爸肃宗之间的相互暗算也会大白于天下，实在有辱皇家形象。再说，自己这皇帝好歹也是李辅国扶上去的，过河拆桥的名

篇七

宦官为患，党争不断，帝国在藩镇风暴中出现裂变

声可不好听。思来想去，李豫决定采取非常手段。

宝应元年（公元762年），某夜，月黑风高，一位蒙面杀手趁着月色潜入博陆郡王府，手起刀落，结果了这所宅子的主人。然而，他并未事了拂衣去，深藏功与名，而是淡定地留在犯罪现场，对死者进行分尸，他先将李辅国的脑袋割下，扔进猪圈，又返身砍下他的胳膊，拎着断臂扬长而去。

第二天，这只胳膊以祭品的姿态出现在了李隆基泰陵的享庙前，而那颗头颅，早已被一群猪啃碎，惨不忍睹。

然而，一个李辅国倒下了，两个"李辅国"又站了起来。

李辅国死后，程元振取而代之，权威更胜当年的李辅国，而且比他更坏、更凶狠，但即便如此，李豫还是把他选入了凌烟阁！

宝应二年（公元763年），吐蕃兵犯大唐，程元振知情不报，唐朝廷没有准备，导致吐蕃人杀入长安，唐朝皇帝再一次跑路，而首先赶来护驾的竟然是太监鱼朝恩率领的神策军，武将一个没有，李豫趁机撸掉程元振，程元振被仇家所杀，鱼朝恩走到了历史的前台。

鱼朝恩的鼎盛时期，曾监管过九镇节度使，从某种程度上说，郭子仪、李光弼都是他的老部下，其权势有多大，还用细说吗？

不过这个时候的唐朝皇帝，能给宦官权力，也能勉强控制宦官。鱼朝恩他妈妈一定没告诉过他，"不作就不会死"，所以一朝权倾天下，他就开始花样作死，贪赃枉法、拉帮结派、陷害忠良不说，连高级官员的任免权都想越俎代庖，这就触碰了皇帝的底线，李豫暗中布局，突然袭击，三尺白绫结束了鱼朝恩的性命。

鱼朝恩死后，鉴于以往的深刻教训，李豫不再给宦官兵权，他把神策军交给司农少卿白志贞统领。谁知道这个白志贞拿禁军当致富奔小康的捷径，富二代公子哥只要给他钱，就可以在神策军挂名吃空饷，本人却不用服兵役。以致后来泾原兵变，唐德宗李适差点没被叛军瓮中捉鳖。奔逃之际，又是太监们一路照顾，积极护驾，才让悲愤的李适心中有了一丝安慰。

经过这九死一生，李适横看竖比对，还是觉得太监们虽然身残，但忠

君爱国志更坚，于是重新将神策军交给宦官掌管，还专门立法：禁军最高统帅必须由宦官担任。宦官主管禁军遂成制度。从此，宦官军权在手，天下我有，横行无忌，越来越不把皇帝放在眼里。这种情况下，如何抑制宦官势力，夺回国家军权，已成为唐王朝君臣必须正视的问题。

贞元二十一年（公元805年），李适驾崩，遗诏传位于太子李诵，是为唐顺宗。

李诵登基以后，重用王叔文、王伾、柳宗元、刘禹锡等十人，试图大刀阔斧进行改革，史称"永贞革新"，而大刀阔斧的主要对象，就是宦官和藩镇。

宦官和藩镇节度使当然不会坐以待毙，大太监俱文珍、刘光琦联合剑南西川节度使韦皋、荆南节度使裴钧、河东节度使严绶，把王叔文等变法人士好一顿围殴。

当时的战况相当激烈，激烈到李诵刚当了8个月的皇帝就被宦官和节度使轰下台，被迫成为太上皇。

宦官得势以后，王叔文、王伾立刻被贬。王伾被贬为开州司马，不久病死；王叔文被贬为渝州司户，次年赐死。

同年，太子李淳即位，史称唐宪宗。李淳为了稳定朝局，只得先安抚众宦官与节度使，于是韦执谊被贬为崖州司马，韩泰被贬为虔州司马，陈谏被贬为台州司马，柳宗元被贬为永州司马，刘禹锡被贬为郎州司马，韩晔被贬为饶州司马，凌准被贬为连州司马，程异被贬为郴州司马。

"二王八司马"就这么来的。

这个时候的大唐，更是千疮百孔，就像济公那件破衣裳，四处漏风。

朝中太监，权力大到无边，一言不合就敢给皇帝脸色看。

各地藩镇，个个生猛，如果不造反，都不好意思说自己是大唐节度使。

不过，新继位的李淳也不是什么善茬，他在安抚宦官和藩镇的同时，心里已经有了自己的打算。

李纯削藩有力度，然而死得很残酷

李淳登基以后，将自己的名字改为李纯，暗含澄清天下之意，与此同时，他开始对自己的帝王生涯进行细致规划，将终极目标定为"嗣贞观之功，弘开元之理，举贞观、开元之政"，就是说他要复兴大唐，要做先祖李世民、李隆基那样的伟大帝王。

李纯是这么想的，也确实是这么干的。他上位不久，在处心积虑大范围调整人事安排以后，就开始对不听话的地方节度使进行有针对性的打击。

元和元年（公元806年），被迫成为太上皇的李诵驾崩，死因不明。李纯正在悲痛地处理丧事，新任剑南西川节度使刘辟却给他上眼药，强行索要剑南东川、山南西道两地，要李纯封他为三川节度使。李纯勃然大怒，严厉批评，强硬驳回。

刘辟感觉自己受到了非常严重的伤害，玻璃心受不了了，于是造反，企图以武力夺取东川和山南西道，给李纯点颜色看看。

消息传来，很多大臣都抱怨李纯，说他想要你就给嘛，非逼着他强来，你看看现在怎么收场？就你现在这个处境，你有实力和人家火拼吗？要不然给地给钱给美女，劝他收兵？

李纯力排认怂众议，顶着巨大的压力，对西川大规模用兵。这是年轻皇帝继位以来所面对的最严峻的挑战，也是测评他能否成为优秀帝王的关键考核。结果显示，李纯处理重大事务的能力相当突出，在这场大规模火拼中，他立场坚定，用人得当，指挥无误，将刘辟打得节节后退。

然而，就在前景一片大好的时候，突然有人来报：皇上，宁夏杨慧琳拒不听从调遣，拒不服从命令，怕是要反了！

朝堂瞬间大乱，一个刘辟还没收拾利索，这又冒出个杨慧琳，本来可以调遣、愿意听话的节度使就不多，现在还要两头作战，大不利啊皇上！要不然，绥靖？

李纯再一次力排认怂众议，他在危难之际显露出了优秀的帝王成色，只见他大手一挥：不要怂，给我打！

不到一年，刘辟、杨慧琳叛乱相继平定，刘辟被逮捕，杨慧琳被斩首，各地藩镇大受震撼，一些实力弱、胆子小的节度使开始瑟瑟发抖，主动向李纯递交入朝臣服申请。这是李唐王朝自安史之乱以后对藩镇最漂亮的一次压制，李纯，让祖宗们的在天之灵看到了希望！

当然，藩镇气焰嚣张由来已久，其中不乏猛人，他们也不是被吓大的，不会受点打击就全部乖乖臣服。元和九年（公元814年），淮西节度使吴少阳死了，他的儿子吴元济对朝廷隐瞒不报，也不给他爹发丧，就让他爹悄悄地来，又悄悄地走开，套上件寿衣，往土里一埋。然后，吴元济不通过政府正式任命，直接就接了他爹的班，随即竖起造反大旗。

淮西这片土地自李希烈兵变以来，一直处于半独立状态，李纯早想将其收归国有，但又怕连续征战，造成动乱，只好一步一步蚕食。如今吴元济一反，反而坚定了李纯改变现状的决心，大手又是一挥：攻打淮西！

李纯对淮西用兵，对朝野震动很大，淄青节度使李师道想到了"兔死狐悲""唇亡齿寒"这些成语典故，瞬间感应到了来自李纯的威胁，后背直冒凉风，于是开始蠢蠢欲动。

这李师道坐拥青州、齐州、兖州等十二州，全是大唐的富庶地区，还和渤海、新罗等地有亲密的外贸往来，不光有钱，还有人、有马，装备精良。

李师道原本没有反心，但对大唐也没有忠心，他只想做自己的土皇帝，和老婆们风流快活。然而李纯一场场的削藩行动让李师道感觉到了危险的迫近，他就像一头被刺激到的猛兽，瞬间凶性大发。

他表面上支持李纯的军事行动，实则阳奉阴违，暗中支持吴元济对抗朝廷。他派兵攻打吴元济时只是做做样子，却纵兵在民间烧杀抢掠，造成社会动荡，想使李纯内外无法兼顾，放弃削藩。

但沧海横流更显英雄本色，李纯没有被吓倒，反而加紧了对吴元济的征伐。李师道一计不成又生一计，此计更加歹毒。

当时，朝中最支持李纯削藩的高层是宰相武元衡，是个非常有血性的汉子，以手段强硬不妥协而著称，江湖人称"铁血宰相"。

元和十年（公元815年）六月初三，启明星像往常一样从东方升起，武元衡像往常一样穿越黎明前的黑暗前去上班，然而，他走出家门没多久，就被一群黑衣人悄悄尾随了。

黑衣人在僻静处突然暴起，对武元衡发射暴雨梨花箭，武元衡的保镖们吓得屁滚尿流，四处逃散，武元衡落了单，双拳难敌四手，猛虎架不住群狼，不幸被割了头。

然而，行凶后的黑衣人并没有就此收手，他们又跑到长安的另一边，去伏击武元衡的助手裴度。刺客刺中裴度三剑：第一剑砍断了裴度的靴带；第二剑刺中背部，但刚刚划破内衣；末一剑刺中头部，幸好裴度头戴毡帽，因而只是微伤。

裴度跌下马来，刺客挥剑继续追杀，裴度的保镖要比武元衡的保镖靠谱很多，铁汉王义以身护主，被砍断右手仍然挡在裴度身前。裴度慌不择路，一脚踩空跌入路边深沟之中，刺客以为他挂了，这才罢手离去。

消息传来，朝野震动，这是大唐自建国以来都极其罕见的恶性案件，当朝宰相在上班路上遇刺身亡，说出去就跟编小说似的。种种迹象表明，此次惨案的幕后主使就是淄青节度使李师道！

李纯此时正处于激战吴元济的关键时刻，不想节外生枝，于是佯装不知，不动声色。李师道眼见此计又未奏效，更歹毒的计谋在心中勾画出来，他派死士潜入嵩山，准备发动突袭，血洗洛阳，制造更大的恐慌，迫使李纯停战。不过，在洛阳军民高度警觉的反恐防御下，此计仍然未能得逞。

李师道的疯狂并没能使李纯削藩的决心动摇，他直接升任裴度为宰相，升级对淮西的作战力度。在李纯的全力支持、裴度的正确调度下，唐邓节度使李愬发动突袭，上演了"雪夜袭蔡州"的经典好戏。至此，历经3年，淮西终于重新回到了大唐的怀抱。

大唐平定淮西，李纯冷冷转头，目标直指淄青。李师道当时就吓跪了，连忙向李纯表忠心，表示愿意臣服，愿意献出3个州，愿意送儿子到京城当人质。如果剧情这样发展下去，李师道也许能够寿终正寝——大唐虽然平定淮西，但也伤筋动骨，李师道虽然血债累累，但只要认错态度良好，以后老老实实不搞事情，李纯从大局考虑，倒是可以放他一马。

可就在这个关键时刻，李师道两个很有血性的老婆跳了出来，冲着李师道一通鄙视："你说你还是个男人不？你坐拥淄青十二州，手下兄弟十多万，李纯还未发一兵一卒，你就怂了？割地可以，但也要等打不过再割吧！没见哪个节度使，像你这么窝囊的！"

这一激，使原本已经认怂的李师道瞬间男子气概爆棚：我不窝囊，我是个男人，我不怂，兄弟们，抄家伙，和他干！

为了成就大业，李师道开始砸钱招揽人才，连只会写诗的张籍都收到了他的聘用信。但张籍是个有节操的知识分子，他不想和李师道同流合污，可他又惧怕李师道手底下那些邪恶势力，思来想去，就写了一首《节妇吟》，婉表心迹。诗中那句"还君明珠双泪垂，恨不相逢未嫁时"，原本是张籍用来婉拒李师道的，后来却成了婚外情分手时的经典名句，不知被借用了多少遍。

李师道没有得到张籍，但这并不影响他的造反大计，只是他没想到，经历了战火洗礼的大唐政府军此时已经满血复活，战斗力直线飙升。"雪夜袭蔡州"的惊艳一幕，更是将各镇节度使深深震撼了，他们为了向李纯示好、表忠心，纷纷卷起袖子围攻李师道，李师道那堂堂十几万大军，几场战斗下来，就被大唐联军彻底打残了。

仗打到这种程度，李师道就算再想割地赔款送儿子，服软认怂磕响头，李纯也是断然不会答应的。事实上，就连他昔日的好兄弟眼见大事不妙，都"识时务者为俊杰"了。李师道非常器重的下属刘悟,眼见李师道大势已去,果断率领部众向大唐投诚,为表诚意,他将躲进厕所避难的李师道强拉出来,咔嚓一刀,然后将李师道的人头送给大唐做了"投名状"。

李师道死后,他的老婆孩子、亲友心腹,有的为奴,有的被屠,有的绝户,下场非常惨。至此,安史之乱以后令几代唐朝皇帝夜不能寐、食不知味的淄青藩镇,终于回归了!靠着强大的决心与意志力,以及突出的个人能力,唐宪宗李纯努力奋斗十余年,终于令藩镇全面臣服,李唐的天下再次被他抓在了手中!

可惜,李纯刚给祖宗们一点希望,转眼就变成了绝望。

元和十五年(公元820年),李纯毫无征兆地暴亡,死因不明,有人说是被太监弄死的,有人说,是被老婆孩子伙同太监一起弄死的。

这里的老婆、孩子,指的就是懿安皇后郭氏和她的儿子唐穆宗李恒。

郭氏来头很大,她爷爷正是大唐恩人郭子仪,她爸爸便是敢于"醉打金枝"的郭暧。郭家本来在朝中势力就很大,郭氏嫁给李纯以后,愈加努力培植娘家势力,几年经营下来,已经隐隐有了外戚专权的势头。

作为一个英明的皇帝,李纯当然不会允许老婆的娘家人骑在自己家人头上拉屎,所以他一直有意防范,登基以后,只封郭氏为贵妃,始终没立后。当然,纵使如此,郭氏也是三宫六院中地位最高的女人。

也是出于这个原因,李纯并不想立李恒为太子,所以他最初选的接班人是庶长子李宁,可惜李宁这孩子英年早逝,着实给李纯出了道难题——新太子该选谁呢?

当时朝中分成了两派:一派以贵妃郭氏为轴心,以太监王守澄、梁守谦为辅助,全力主张立李恒为太子;一派以李纯为幕后主导,以太监吐突承璀为发言人,一心想将庶次子李恽送上皇位。反正不管最后谁当皇帝,太监们都将再次呼风唤雨。

后来,因为李恽的妈妈身份不高贵,而李恒是嫡子,又是郭子仪的重外孙,郭家在朝中的势力又很大,得到了众多朝臣的支持,李纯不得不少数服从多数，立李恒为太子。

不过，李恒这个太子当得一点也不舒服，因为爸爸并不喜欢他，还处处防着他和他妈妈，支持他的官员经常被贬，而支持李恽的官员却屡屡获得升迁，这让李恒很是紧张，非常压抑，战战兢兢。

不过，一切都在公元820年二月十四日发生了改变。这天，李纯突然暴死宫中，李恽、吐突承璀来不及反应，被诛杀；支持李恽的宰相令狐楚、皇甫镈等人被闪电免职，调任偏远地区；王守澄、梁守谦等人立即拥立李恒即位，是为唐穆宗。

李恒也许是被压抑得太久了，当上皇帝以后瞬间天性释放，开始乘风激浪，花样玩耍，生生把他爹辛苦建立起来的大好局面迅速玩坏，天下重新陷入动乱。

然而，李恒也并没有快乐很久，长庆二年（公元822年），李恒在打马球的时候突然中风，患病的身体不允许他再花样玩耍，他对此很不甘心，开始迷恋"长生不老药"，死时尚不满29岁。

此后，唐朝的皇帝在太监的主导下，跟走马灯似地换来换去，历经唐敬宗、唐文宗、唐武宗后又落在唐宣宗李忱的手上。

唐敬宗、唐文宗、唐武宗都是李恒的儿子，也就是郭氏的亲孙子，自然不会跟爸爸和奶奶过不去。但唐宣宗就不一样了，李忱是李恒的同父异母弟，这在皇家往往就是有仇的存在。

唐裴廷裕在其作品《东观奏记》里，记录了这样一件事："宪宗皇帝晏驾之夕，上（唐宣宗）虽幼，颇记其事，追恨光陵（指唐穆宗）商臣之酷。"

"商臣之酷"是个历史典故，说的是楚穆王熊商臣杀死自己父亲楚成王夺取王位的往事。裴廷裕的意思很明白，李忱认为三哥李恒就是杀死父皇的主谋，他为此下令，不许文武百官再祭拜李恒，不久之后，郭氏暴死。

不过，历史终究没有对此事盖棺定论，真相，也许只有当事人才会知道。

篇七

宦官为患，党争不断，帝国在藩镇风暴中出现裂变

皇帝兵变灭太监，结果皇帝被收监

大唐从李恒开始，谁坐金銮殿，太监说了算。掌握唐朝政权的人，不是皇帝而是太监。李恒死后，太子李湛即位，史称唐敬宗。

李湛倒是李恒亲自册立的太子，但即位时才15岁，熊孩子一个，就知道玩，还荒唐地新创了击球将军的官衔。而且他性情暴躁，刻薄寡恩，稍有不如意就拿身边的人出气，因此太监们都不喜欢他，怨恨他，恨不得弄死他。

有一天，李湛"打夜狐"还宫，兴致盎然，与宦官刘克明、击球将军苏佐明等28人饮酒作乐。酒酣之时，李湛入室更衣。忽然间，殿上烛火熄灭，刘克明等人一拥而上，将李湛谋杀于室内。李湛在位不足3年，死时才18岁。

随后，刘克明等人假传遗旨，说李湛临死前留言，传位给绛王李悟，这摆明是想以拥立之功搏出位，谋夺其他宦官手中的权力。

他们这样做，其他宦官当然不能接受，当时朝中最牛掰的四大天王——太监王守澄、梁守谦、杨承、魏从简拍案而起，领禁军迎立李湛的弟弟江王李涵，此举又得到了以裴度为首的朝廷重臣的鼎力支持，结果，刘克明一伙被迅速铲除，李悟也死于乱兵之手。江王李涵即位，是为唐文宗，唐文宗即位后改名为李昂。

李昂虽然由太监扶立，表面上也对太监们很友好，很尊敬，但他的内心非常痛苦，他一直觉得王守澄就是杀死爷爷（唐宪宗李纯）的凶手，他惊恐于太监的势力和狠毒，觉得自己的皇位和性命毫无保障，他必须为自己做点什么。

李昂为了对付太监，给自己找了一个小伙伴，这个人叫宋申锡，李昂任命他为宰相，两个人一起谋划怎样将宦官集团连根拔起。结果保密工作没做好，太监们得到了风声，王守澄指使同伙诬告宋申锡，说他准备谋立漳王李凑，革李昂的命。李昂虽然半信半疑，但思来想去，还是觉得不怕一万，就怕万一，于是贬宋申锡为开州司马。这波操作，也是让人醉了。

"除监计划"失败以后，太监们气焰更加嚣张，搞得李昂处处受制。他想依靠朝臣铲除宦官势力，但朝臣们都忙着党争，没人有闲工夫搭理他。而且有了宋申锡的前车之鉴，他们对李昂也没有了信任。这让李昂很无奈，他幽幽叹道："去河北贼（指藩镇）易，去朝中朋党难。"但李昂并没有死心，仍在暗中物色合适的帮手。

李训就是在这个时候走进了李昂的视线。李训出身名门，他是李亨时期宰相李揆的族孙，是当朝宰相李逢吉的堂侄，颜值很高，但好说大话，自以为是，小肚鸡肠，急功近利，阴险狡诈。

当时，另一位宰相李德裕曾奉劝过李昂，说李训的人品和能力都不靠谱，不可重用，但李昂特别自信自己的眼光，觉得再差劲的人都能被自己的魅力征服，所以开始重用李训，逐步将其升职为宰相。

另有一人也受到了李昂的重用，这个人叫郑注，他本是王守澄的心腹，但看到李昂铁了心要搞掉王守澄等人，便暗中反水，想得到更大的利益。毫无疑问，这是个典型的投机分子。

李、郑二人为了各自的目的，纷纷向李昂表忠心，积极为李昂出谋划策。可想而知，这对一度孤家寡人、无人帮助的李昂来说，是何等大的鼓舞啊。

因为李、郑二人都是王守澄所引荐，尤其郑注还是王守澄的心腹，所以这次他们三人暗中搞动作，没有引起任何人的怀疑。

李训当上宰相以后，紧锣密鼓地开始了一系列操作。他利用宦官之间的矛盾，对他们进行分化瓦解，先擢升一直被王守澄压制的宦官仇士良，分去王守澄的权势，随后将王守澄不喜欢的宦官全部贬到外地，并将与王

篇七
宦官为患，党争不断，帝国在藩镇风暴中出现裂变

守澄有仇的韦元素和杨承和等实力派大宦官处死。正所谓"同行是冤家"，其实王守澄也怕同行分化自己的权力，因而将其他太监视为眼中钉、肉中刺，李训此举倒是让王守澄很满意。

经过一系列有预谋的计划后，王守澄被彻底孤立起来。李训见时机成熟，便叫李昂逼王守澄喝一杯"公元835年的辣肺"，曾经不可一世、人见人怕的大宦官王守澄就这样挂了。李训也因此走上了人生的巅峰。

接下来，李训与郑注又密谋，如何彻底诛灭宦官集团。因为宦官手中握有军权，所以他们必须要掌握一定的军事力量，才有可能获得成功。为了做好铺垫，李训让郑注出任凤翔节度使，执掌军队，以为外援。二人约定，在王守澄下葬时，命宦官中尉以下者全集中于浐水送葬。然后由郑注率亲兵将宦官全部砍杀，一个不留。如此，大事必成。

本来按照这个计划，成功的可能性非常大。但李训的人品不靠谱啊！在紧要关头，他小人了——他认为这是不世之功，他要独占其功！他要做大唐王朝的匡扶者，他要青史流芳！

于是，在没有通知郑注的情况下，李训临时改变了计划。他和宰相舒元舆，金吾将军韩约等人想出一计——谎奏说石榴树夜降甘露，以祥瑞之名，让皇帝下诏召众宦官一起去观看，事先埋伏金吾兵，瞅准机会将宦官一网打尽。

太和九年（公元835年）十一月二十一日，李昂登紫辰殿早朝，文武百官依班次而立。金吾将军韩约奏称金吾左仗院内石榴树夜降甘露，是祥瑞之兆。李昂事先知道计划，故意装作惊讶，派仇士良、鱼弘志等宦官前去看个究竟。

宦官离开后，李训立即调兵遣将，准备大开杀戒。而当仇士良等人来到左仗院时，发现韩约神色慌张，情态反常，大冬天的竟然头冒冷汗，心中不禁起疑。这时，正巧一阵风刮来，吹动了帷幕。仇士良等人发现了幕内的埋伏者，他们立时恍然大悟，察觉事变，仓皇出逃，门卫想关门，已来不及了。

195

仇士良等人逃回殿上，劫持李昂退入宫内。这时，金吾兵已登上含元殿，李训一面大喊护驾，一面换上随从便装，溜之大吉。

随后，仇士良等人指挥神策军展开大反击，凡参与者必被屠杀，凡与仇士良等不和者亦被屠杀，一日之间，仇士良等人将政敌杀得人头滚滚、血流成河，这便是历史上著名的"甘露之变"。

李训虽然在关键时刻、生死关头，成功跑路，但不久即被抓获，与另三位宰相王涯、贾𫗧、舒元舆结伴去了黄泉，其他遇难的公卿及被株连之人，数目竟多达1000余人，整个大唐朝堂被杀了个空空如也。此后很长一段时期，中书省、门下省官员上班之前都与家人郑重告别，因为说不准什么时候，小命就没有了。

"甘露之变"过后，仇士良彻底掌控军国大政，李昂则彻底沦为傀儡皇帝，这时的大唐皇宫，就跟太监们自家的小院似的，皇帝更像是长工，人家让你干你就是皇帝，不让你干你啥都不是。

李昂堂堂一个大一统王朝正牌皇帝，竟被太监所软禁，太监的话对他来说反而成了"圣旨"，李昂感到无比憋屈，最终竟生生把自己憋屈死了。

大唐天子和整个唐王朝的尊严彻底沦入谷底……

他一边吃药，一边带着大唐回光返照

拜"甘露之变"所赐，李昂在太监们的软禁和控制中郁闷而终，在谁来做接班人这个问题上，仇士良、鱼弘志等宦官集团高层领导思想高度一致——一定要选一个老实听话、容易拿捏的。于是，这个人人望眼欲穿的皇位，"啪叽"一声就拍到李瀍脑门上了。

李瀍继位，是为唐武宗，继位后改名李炎。

篇七

宦官为患，党争不断，帝国在藩镇风暴中出现裂变

没错，这个唐武宗，就是电视剧《宫心计》中的那个窝窝囊囊的极品昏君，但在正经历史上，他正经是个不错的皇帝。

李炎，李恒的第五子，李湛和李昂的异母弟弟。在当皇帝之前，这家伙的确不怎么样，他当时的理想就是做一个逍遥王爷，得过且过，混吃等死，至于什么国家兴衰、家仇国恨，统统不管不问，好像他是充话费送的、不是李唐皇室子孙似的。他唯一的爱好，就是炼仙丹，他真的好想多活500年。

谁也不知道，这个荒唐王爷在荣升为皇以后，暗地里悄然发生了改变。

扶立了新君，仇士良等人更是嚣张跋扈到了极点，他们想试试李炎听不听话，就让他罢免当朝宰相李珏。李炎说行，都听诸位的，但好歹得有个人堵上这个职位空缺吧，要不然就用李德裕吧。

在仇士良等人看来，皇上都是自己的牵线木偶，何况区区一个宰相，谁当还不是一样，于是李德裕顺利进京，第二次出任大唐宰相。

但太监们这次失算了！拥立看似窝囊无能的李炎，是他们犯下的第一个大错，而同意李德裕任相，则是他们给自己挖下的一个大坑，一个足以将自己埋葬的大坑。

李德裕，简单介绍一下，这是个顶级官二代，确切的说，他是"宰相二代"。李德裕他爹李吉甫就是大唐宰相，而李德裕，也从他爹身上获得了良好的遗传基因，甚至青出于蓝胜于蓝，他在李昂时期就担任过宰相，工作表现非常不错，但因受到李训、郑注的嫉恨、排挤，最终被贬职外放，如果当时他在，"甘露之变"的胜负还真不好说。

作为李唐重臣，作为一个没有重大缺陷的男人，李德裕一直对宦官们只手遮天、翻云覆雨的行为深恶痛绝，所以他上任不久就悄悄对李炎说："皇上，那帮阉人该好好收拾一下了！"

不知是谁，又走漏了风声，仇士良得到消息以后，决定先发制人——鼓动禁军造反！仇士良这么多年之所以能够霸道朝堂，就是因为他手里有军权，这一次，他要将"马嵬坡兵变"重演，利用军队哗变，逼李炎亲手干

掉李德裕。

仇士良的具体操作是，假传圣旨裁减军费，而且扔锅给李德裕，说是他唆使皇上这样做的。

不得不说，仇士良这招不但非常之狠毒，而且非常之有效，禁军中，一场哗变正在酝酿……

但李德裕不是杨国忠，他是个真正懂政治的人，他瞬间看穿了一切，赶在哗变之前求见李炎，将紧急情况做了紧急汇报。

面对即将发生的暴乱，宦官眼中的窝囊废李炎把锅一捡："裁减军费这件事，就是朕干的，与宰相无关！有种冲朕来，你们想造反吗？"

这晴天霹雳的一嗓子，直接把禁军给镇住了，禁军将士一直被阴柔的宦官领导，心里总有种说不出的别扭，如今见到自己的皇帝雄性荷尔蒙大爆发，威武霸气有担当，瞬间感觉自己的心中被注入了一片光明，这片光明让他们找到了组织，找到了方向，于是，仇士良最强的倚仗——禁军，不灵了！

没有了军队话语权，仇士良呼风唤雨的日子也就到头了，他知道这样下去自己肯定无法寿终正寝，于是主动辞职，请求告老还乡。太监们与他依依惜别，他还对党羽传授驾驭皇帝的经验："不要让皇上闲着，应该常常鼓励他吃喝玩乐、奢靡淫荡，使他沉溺其中，没工夫管别的事情，然后我们才能得志。千万不要让他读书，不要让他接近读书人，否则，他就会知道前朝的兴亡，内心有所忧惧，便要疏斥我们了。"别说，在这个行业里，他还真是个人才。

没过多久，仇士良死了，终年63岁。

解决了先后杀死二王、一妃、四宰相，只手遮天20余年的大太监仇士良，李炎不仅给大唐皇室出了一口恶气，也找回了许久不见的皇家尊严，内部祸乱暂时得以平息，接下来就是大唐的顽疾——藩镇！

藩镇，简直让大唐又爱有恨。说爱，因为大唐当年的赫赫天威，基本都是靠藩镇节度使打出来的，那时候周边的异国小弟哪个要是敢不听话，

篇七

宦官为患，党争不断，帝国在藩镇风暴中出现裂变

藩镇府兵稍一用力就可以将他们连根拔起，直打得他们谁也不敢跟大唐讪脸；说恨，是因为藩镇成长壮大以后，逐渐开始不服领导管教，最后反噬了李唐王朝，致使曾经无比耀眼的大唐盛世，气息奄奄。

中晚唐有血性、有理想、有抱负的皇帝都想彻底根除这一顽疾，唐德宗李适、唐宪宗李纯先后削藩，李适和藩镇打得一塌糊涂，结果把自己打服了，下罪己诏，认怂；李纯削藩成果显著，真正在藩镇节度使面前威武了一下，但死得太早，没能从根本上解决问题。

面对这一世纪难题，李炎和他的老伙伴李德裕决定换个思路——区别对待，分步削藩。

首先，对于实力最强目前也管不了的河朔三镇采取放任态度。这三镇有兵有钱有地盘，非常豪横，而且互相勾结互为倚仗还爱闹事，每次中央政府跟别的藩镇小弟闹别扭，这三位就出来拉偏架，搞得朝廷狼狈不已。这一次，李炎决定"姑息养奸"，形式上你们还是我的小弟，态度上我承认你们独立，你们想要啥我给，但我跟别人干架的时候你们要保证只能站在一旁吃瓜。

然后，对其他不服管教、不听命令的藩镇，那就不好意思了，不听话，就揍到你听话为止。

泽潞节度使刘稹率先跳了出来，非常愤慨，表示皇上不公我们不服，大家军衔都是节度使，级别不相上下，凭什么河朔三镇可以独立，我们却要被你奴役，就因为他们有钱能打吗？大家都是道上混的，谁不能打？你这样区别对待，我刘稹就不要面子吗？来呀！互相伤害呀！

结果，刘稹不但高估了自己，也低估了朝廷，没有河朔三镇横插杠子拉偏架，朝廷大军果断征伐，泽潞镇瞬间遭受了 10010 点暴击，刘稹被灭，株连全族，世间从此再无泽潞镇。

李炎这一仗打得非常漂亮，不但打出了气势，也彰显了实力，不但令天下诸镇为之一震，也震得河朔三镇乖巧很多。诚然，李炎同样没有从根本上解决藩镇问题，但起码在他执政那段时期，中央政府与地方势力达成

了一个微妙的平衡。

开成五年（公元840年），曾经唯大唐马首是瞻的回鹘被北方的黠戛斯人欺负了，他们心里很窝火，可是又打不过人家，于是就想找个"软柿子"勒索一下，寻求一些心理和物质方面的补偿。

没错，大唐此时在回鹘人眼里，就是不折不扣的"软柿子"，想怎么捏就怎么捏。带着这种想法，回鹘首领乌介可汗写信给李炎，说小李子啊，哥哥我大意了，没有防备，被黠戛斯那帮小兔崽子给阴了，损失惨重，这么地，你把阴山南麓的河套天德城送我呗，我带着弟兄们好好休养生息一下，你放心，不白要，我保证弟兄们以后不会没事就去你的地盘秀肌肉了。

面对这种危险性不大，但侮辱性极强的要求，李炎一面送钱送粮送慰问，安抚回鹘人受伤的身体和心灵，一面则是霸气回应：给你两个选择，要么像个男人，带着你的弟兄去找黠戛斯报仇雪恨；要么我把你们打散，编入我大唐户籍。

乌介可汗是个很要面子的人，他觉得被软柿子唐朝无情拒绝，在弟兄们面前非常下不来台，于是于会昌二年（公元842年），兴兵30万，誓要和李唐决一死战。

但唐朝这边，李德裕再次看穿了一切，早在对回鹘进行人道主义援助的时候，他就已经在为撕破脸的那一天做准备了。正所谓"胜利更青睐早有准备的人"，秣马厉兵的唐军一上阵就气势汹汹，渔阳、杀胡山两战，杀得回鹘溃不成军，回鹘降者多达20余万人。

曾经耀武扬威的乌介可汗这才惊恐地发现：这大唐是瘦死的骆驼比马大啊！

兵败的乌介可汗带着仅剩的数百兄弟东逃至室韦，此部回鹘最终被室韦人所吞并。从此，曾经纵横大漠、所向披靡的回鹘，彻底成为了历史的传说。

从公元840年到公元846年，李炎、李德裕这对黄金拍档，仅用7年时间，就使奄奄一息的大唐重新焕发了生机，大唐复兴的希望再一次被点燃，患病的巨龙似乎即将痊愈再次腾空！

然而，就在会昌六年（公元846年），32岁的李炎突然暴亡了。按照历史规律，暴亡的君主大多死因不明，死无对证，给世人留下一个无解的谜题。但李炎不一样，他的死因很明确——吃药吃死的。那是对"多活五百年"孜孜不倦的追求啊！为了这个追求，李炎从王爷时代到中道崩殂，已经勤勤恳恳地吃药十几年了，迷信方术胡乱吃药，还能硬撑十几年，或许，这已经是老天对大唐的眷顾了。

李炎在位时间虽短，但对先辈留下来的破烂江山已经做到了不遗余力，可是此时的大唐，病入膏肓，积重难返，他也无力回天。但他还是拼尽全力为李唐皇室争了一口气，创造了扬眉吐气的"会昌中兴"，这也是大唐最后的回光返照。

牛李党争，彻底乱了大唐朝政

大唐到了晚期，皇帝每天都在跟太监和藩镇操心。

他们想从太监手里要回权力，不能够啊，那不等于再阉他们一次！

他们想从藩镇手里收回地盘，也不能够啊，那不跟抢他们媳妇一样！

为此，皇帝们操心操得心都碎了，命也短了，英年早逝的好几个。但情况都这样了，偏偏还有一帮没心没肺的公务员，也不知道为皇帝分忧，还净跟着裹乱。比如有一个姓牛的和一个姓李的，整天拉山头搞内斗，拉帮结派相互倾轧，这就是史上著名的"牛李党争"。

牛李党争的起因可以追溯到唐宪宗李纯执政时期。当时，为了汲取新鲜血液，完成复兴大业，李纯举办了一场规模不小的公务员考试。在这些考生中，有两个人比较有才，一个叫牛僧孺，一个叫李宗闵，这二人在考试中不走寻常路，大胆批评时政、抨击当权者，当然，他们还没有胆量抨击皇上，所以他们抨击的主要对象是当朝宰相李吉甫，也就是李德裕他爹。

恰好，李纯派去的主考官与李吉甫有私人恩怨，一看到这两篇文章，大乐，大笔一挥，进士及第。他这招很高，进士的文章，一般皇帝是要亲自过目的，这就不露声色地摆了李吉甫一道。

李吉甫也是个有手腕的人，否则也爬不到宰相的位置。他立刻跑到李纯面前申诉，说主考官公报私仇，授意考生写文章诽谤自己，并且以权谋私，录取和自己关系好的人。说到底，李吉甫也只是个宰相，而且辅佐的还是李纯这样厉害的帝王，国政大事李纯不拍板，他李吉甫敢恣意妄为吗？所以，考生抨击宰相，无异于抨击皇上，考官点赞这样的文章，等于是在打皇上的脸。李纯是个明君，但他不是圣人，于是一拍桌子，几名考官被降职处理，牛僧孺和李宗闵不予录用。

此事一出，朝野哗然，大臣们都跑来为牛僧孺等人鸣冤叫屈，弹劾李吉甫嫉贤妒能。迫于压力，李纯只好于同年将李吉甫贬为淮南节度使，另任命宰相。这样，朝臣之中分成了两个对立派。但此时李德裕、牛僧孺尚未进入朝廷供职，所以派系斗争色彩尚不浓厚。

到了唐穆宗李恒时期，李吉甫已经寿终正寝，他的儿子李德裕做了翰林学士，李宗闵也已经翻过身来入朝为官了。李德裕等官 N 代，和李宗闵等凤凰男，彼此谁都瞧不上谁，加上前仇旧恨，于是暗争暗斗。

长庆六年（公元 821 年），又一次科考，使得两批士大夫的矛盾终于公开化了。

当时，李恒任命的主考官是杨汝士和钱徽，等到发榜的时候，人们惊奇地发现，和杨、钱二人关系好的人，他们的亲友都中了进士，比如李宗闵的女婿、裴度的儿子、郑覃的弟弟、杨汝士的兄弟，而与他们意见不合的人，他们推荐的人都名落孙山。要说这里面没有猫腻，估计猫都不信。

曾做过宰相的西川节度使段文昌公开抗议，说杨、钱二人徇私舞弊。李恒问李德裕："德裕，你怎么看？"李德裕回答肯定有猫腻。李恒于是下

篇七
宦官为患，党争不断，帝国在藩镇风暴中出现裂变

令重考。结果，原来考中的那批人只有三人勉强合格，杨、钱因此被罢官出京，李宗闵被降职外放。这样一来，牛僧孺、李宗闵一派便与李德裕一派彻底撕破了脸皮，两帮人势同水火，党同伐异。

接下来就是你方唱罢我登场了。

李宗闵失势以后，他当年的患难之友牛僧孺却在机缘巧合之下得到了李恒的赏识，升了宰相。他一上台，立刻展开打击报复，李德裕被贬为浙西观察使，李德裕的好朋友们也集体遭到排挤打压。双方的仇结得更大了。

唐敬宗李湛即位后，牛僧孺忍受不了自己堂堂七尺男儿整天被太监们颐指气使，自愿降职，去做了地方官。裴度上台，又开始大力提拔李党人员，排挤牛党官员。

没过多久，李湛被太监干掉，唐文宗李昂继位。三年后，李昂召李德裕回京，裴度大力举荐李德裕做宰相，可惜晚了一步，牛党李宗闵抱住了太监的大腿，捷足先登，李宗闵上台后又大力举荐牛僧孺复相，两人合力将李德裕赶到了西川。

后来，李昂得知牛僧孺是因为党争、私仇而排挤李德裕，很是后悔，渐渐疏远了牛僧孺。次年，李德裕入朝为相，牛党成员又集体遭了殃。

不过，在藩镇问题上，李德裕的主战思想与宦官集团的主和思想相左，当时太监们只手遮天，李德裕这个宰相当得有名无实。不久，在太监的主导下，李德裕再次被贬。李昂终于对太监出手了，可惜所用非人，"甘露之变"失败，反被太监软禁，郁闷死了。

同年，好战分子唐武宗李炎接班，主战派领袖李德裕成了他的亲密小伙伴，牛僧孺及其党内人士全部失势，这一时期，"李党"对"牛党"形成了绝对压制。李德裕没有了牛僧孺、李宗闵的掣肘，得以大展拳脚，和李炎一起开创了"会昌中兴"。可惜好景不长，李炎迷信长生，胡乱吃药，年纪轻轻就把自己吃死了。

李炎死后，先前被压制的太监们又跳了出来，他们认为"智障"的李怡较易控制，便扶他当了皇帝，李怡改名李忱，是为唐宣宗。

正所谓"一朝天子一朝臣",李忱继位以后,开始弃用前朝遗老,培植自己的势力,于是李德裕就被他随便找了个理由贬到海南,牛僧孺被封为太子少师,牛党再次得势。但没过几年,李德裕、牛僧孺、李宗闵相继亡故,没有了领袖人物,朋党也就一哄而散,至此,延续 40 多年的"牛李党争"终于画上了句号。

看到这里可能有人纳闷了,不是说李忱因为是智障,才被太监相中的吗?其实李忱一点不智障,甚至智力还超常,他只是在故作木讷,隐晦不露。后来他一上台,立即卸下了伪装,采取非常手段对宦官集团形成了有效压制。李忱对内对外,都很有一套,使唐朝国势有所起色,百姓日渐富裕,大家似乎又看到了中兴的希望,可惜,李忱也想"向天再借五百年",他也吃药……

随着李忱的离去,中兴的希望再一次被扑灭,大唐自此以后,已经是苟延残喘,只有进的气,没有出的气了。

篇八

黄巢一怒天下乱

在制霸朝堂以后，朱温强迫李晔迁都洛阳，不是为了请李晔去自己的地盘看牡丹，而是为他将他玩弄于股掌之上。

李晔一到洛阳就彻底沦为了傀儡，洛阳的宫殿就像囚笼，锁死了这位帝王的人生。

……　……

800人席卷半边江山，大唐要完

很多人只知道唐亡于黄巢，却不知道，其实祸起于桂林。

唐懿宗咸通三年（公元862年），南诏王国因不能忍受唐政府边疆官员的骚扰而与中国决裂，两度攻陷交州（今越南河内），中央政府命全国各地派兵赴援，徐泗兵3000人响应政府号召，赶赴作战前线。当时，徐州节度使郑重承诺，大家此去，只需3年，3年后所有人便恢复自由，愿意继续当兵的就继续当兵，想退役回家陪老婆孩子的就回家陪老婆孩子，全凭自愿。

南诏叛乱平定以后，政府从这3000人中抽出800人驻守在桂林，庞勋任桂州戍军粮料判官。一开始，大家还挺高兴，因为不用上阵厮杀了，可以保住小命。可3年后，政府食言了，因为无人可派，唐政府希望这帮人能够为国家大局考虑，原地再过3个年，并表示，3年过后，一定可以顺利返乡。士兵们这时觉悟还挺高，再次响应国家号召，又留在原地驻守了3年。

6年了！士兵们想家想得眼睛都绿了，大家归心似箭。可朝廷说，要不然，你们再留守一年……

士兵们出离愤怒了，你们当官的锦衣玉食，饱汉子不知饿汉子饥，完全不考虑我们当兵的需求吗？哗变！必须哗变！

于是这800人就在桂林哗变了，他们干掉了都头，推庞勋为首领，一路向北，自行返乡。此时的大唐，在经过藩镇、宦官、朋党轮番蹂躏以后，连及时做出反应的能力都没有了。结果这区区800人，当地政府就可以搞定的暴乱，却如滚雪球一般，越聚越多，越来越大，到了安徽，攻克宿州以后，队伍发展到了六七千人，此时，距离起事还不到3个月。

庞勋率领戍卒一路无人可挡，经桂林、湖南、湖北、安徽、浙江、江苏，回到徐州，家乡人像迎接英雄似的迎接了他们，广大农民纷纷入伙，积极响应，由桂林戍卒发起的军事变乱在唐朝各级官员的推诿或者捂盖子下，终于衍化成声势浩大的农民起义。一时声势大震，占据淮口，锋芒直指长安。

唐朝廷这时急了，急忙征调大军前去讨伐，但堂堂政府正规军，还是大军，竟然拿几千杂牌军毫无办法，最后还是靠蔚州刺史李国昌的沙陀骑兵夹击打援，才把庞勋击溃。

这场农民起义历时只有一年零五个月，并不算久，但在一年零五个月中，几乎每天都有血战，双方死伤有10余万人。作为唐王朝税赋重地的长江流域和黄河以南地区，也被打得破烂不堪。庞勋以两千人主力部队敢向中央政府挑战，而且不断获胜，显示政府军在腐败的官员统率下，已经丧失了战斗能力，政府威信进一步下跌。

庞勋兵变在高压下平息，但唐王朝中央政府的胜利只是下一次更大失败的前奏。

唐朝和南诏之间近10年的战争，使唐中央政府在几个方面都付出了很大的代价。严重的经济压力和社会骚乱已使政府处于困境，对于人力和物资不断增加的要求致使形势日趋恶化，民众越发疾苦，社会更加动荡不安，直接导致唐帝国灭亡的黄巢起义已然酝酿渐熟。

不录取我黄巢，后果你们承受不起

黄巢，唐末山东菏泽人，家里世代以贩卖私盐为业。在古代，盐由政府垄断，贩卖私盐属于违法行为，高风险带来高收益，所以黄巢家里非常有钱，所以黄巢虽然领导的是农民起义，其实本身是个不折不扣的富二代，并不是根红苗正的穷苦人。

黄巢原本并没有想过要造反，相反，他想当官。毕竟在古代，商人再有钱，在官家眼里也啥都不是，官字两张口，人家说你非法经营你就是非法经营，说你有罪你就有罪，所以黄巢非常想当官，自己当官以后，家里卖私盐，不就有了官方保障了吗？

黄巢对于自己的文采很自信，因为他5岁的时候就能对诗，虽然比不了三国曹植，但勉勉强强也能算个神童。可惜，有眼无珠的主考官竟然理解不了他的文采，于是他一次又一次地复读，一次又一次地落榜。

到后来，黄巢绝望了，他像后来的洪秀全一样，对大唐由爱生恨，激愤之下，写了一首反诗——《不第后赋菊》：

待到秋来九月八，
我花开后百花杀。
冲天香阵透长安，
满城尽带黄金甲。

意思是，你看我这才华，你不录取我，你是不是眼瞎？你等着，我非把你老巢给端了！

其实也不怪黄巢对大唐不满，屡屡高考失利的确会对人造成很大打击。早年间，张九龄就写过一首诗，表达这种无比悲伤绝望的情绪：抱玉三年楚，怀书十上秦，年年洛阳陌，花鸟弄归人。这首诗非常贴切、非常深刻地道出了广大落榜考生脆弱的心理。

他一咬牙，一跺脚，决定回家继承祖业，将私盐业务做大做强，用违法行为向大唐王朝表示最强烈的不满和抗议。

黄巢人生的转变发生在乾符元年（公元874年），在此之前，全国各地连年发生水灾、旱灾，河南最为严重，饿殍千里，苦不堪言。发生这种严重自然灾害，稍微有点人性的政府都会开仓放粮，减免赋税，全力救灾，但腐烂到根子里的晚唐政府没有这样做，反而强迫百姓缴租税，服差役。中国的老百姓历来都是非常善良的，你不逼到他们走投无路，他们完全可以逆来顺受，但你若迫使他们走投无路，他们爆发的力量也是非常惊人的。于是乎，黄巢的一个同行，菏泽的另一位私盐贩子王仙芝振臂一呼，穷苦百姓们就紧紧团结在了他的周围，掀开了反唐反压迫的盛大帷幕。

在这个背景下，黄巢带着对于唐朝廷刻骨铭心的恨，积极地参与了进来。

唐朝这个时候的皇帝是唐僖宗李儇，但这个时候大唐的话事人是他爸爸田令孜。很显然，这一看就不是亲爸，而是干爹，而且这个干爹还是个太监，皇帝都管太监叫爸爸了，可想而知，此刻的大唐怎么还能硬气得起来。王仙芝和黄巢正是在这种情况下，才会以滚雪球的姿态发展起来，并且一路势如破竹，打得政府军节节溃退。

宰相王铎眼见形势不妙，急忙给李儇出主意，建议将王仙芝招安收编，给他个官当，他就不闹腾了，这个建议，获得了李儇爸爸田令孜的首肯。

事实证明这个建议确实靠谱，但是仍有疏漏，如果他当时建议将黄巢一起收编，也给黄巢个官儿当，历史可能就要改写了。毕竟，黄巢同学从小到大的理想就是成为国家正式公务员。

说到底王仙芝也是被黑暗的官府逼上梁山，好端端的谁愿意刀口舔血？今晚脱下鞋和袜，不知明早穿不穿。这种日子，是人过的吗？所以当王铎抛来橄榄枝，王仙芝就有心从了。

朝廷真给王仙芝封了个官，官名叫"左神策军押牙"。左神策军，还押牙，押你个大头鬼啊！破口大骂的是黄巢。

王仙芝被黄巢和他的小伙伴们一通臭骂，也觉得自己理亏，好，这安咱们不招了。可大家闹得拳脚相加，再在一起工作也很尴尬，黄巢作为老大，面子放不下，那就分家吧，各玩各的。

然而，二人这一分开，在经历过一次短暂合作以后，就再也没有相逢了。

王仙芝受到政府军和地方武装的残酷镇压，部众又不断被策反，内外交困之下只得写表向政府投诚，结果又被朝中小人从中破坏，一路溃败到黄梅，被唐招讨使元裕打了伏击，丧生乱刀之下。

相反，黄巢这边形势却是一片大好。黄巢趁着王仙芝与政府军相撕风雨中，隔岸观火，把兵马养得那叫一个肥壮，然后等双方两败俱伤，振臂一呼，大量收编王仙芝旧部，一路攻城略地，向着长安狂杀过去。

李儇这天正在兴致勃勃地打马球，突然他干爸爸田令孜跑了过来，二话不说，拉起他撒丫子就跑，李儇虽然不知道怎么回事，但他知道这皇宫里谁说了算，当时也是二话不说，跟着干爸爸就埋头狂奔，向着四川方向，以七十码的马速玩命狂奔。

黄巢正式进入长安，秋毫无犯，民众列道欢迎，齐呼黄大英雄，黄巢激动地对大家说："我老黄起兵，就是为了拯救苍生于水火之中，大家跟着我，以后就有好日子过了！"

公元880年十二月十二日，黄巢进入太清宫。翌日，于含元殿即皇帝位，国号"大齐"，建元金统，并大赦天下。

然后，黄巢就过上了奢侈淫荡的生活。他原本以为，做皇帝只不过好吃好喝媳妇比别人多，结果到了长安才发现，阶层限制了自己的想象，原来当皇帝可以这样没有下限地快活。从此，黄巢一头扎入了温柔乡中。

那时候，朱温他还是个情种

当时在黄巢军中有一位年轻人，对黄巢的行为非常鄙视，他经常望月长吟："愿得一人心，白首不离分……"他能想到最浪漫的事，就是和心爱的人一起慢慢变老，他十分不理解，一生一世一双人不好吗？为什么非要做渣男呢？

说起来，这里面还有一个曲折唯美、惹人泪目的爱情故事。

这个年轻人叫朱温，小名朱三儿，他出生在一个光荣的人民教师家庭，但是非常不幸，他爸爸很早就去世了，那时候还没有商业保险，朱老师也没有给家里留下遗产，所以朱家的生活变得非常困难。

也许是因为没有父亲管教，也许是天性使然，朱三儿这个穷人家孩子并没有早当家，他从小就是个问题儿童，长大以后更是无赖泼皮，横行乡里，十里八村就没有不烦他的，但是，又打不过他。

如果人生就这样按部就班地发展下去，历史也许不会对朱温有所提及。但人生充满了意外，意外精彩了人生，没有意外的人生，算不上完整的人生，人生没有意外，绝对是个意外。

朱温的意外，是一个姑娘带给他的。

那天，朱温像往常一样晃荡在乡间的小路上，远远地走来一顶小轿。也合该有事，及至近前，一阵暖风吹过，掀起了轿帘，朱温下意识地向轿中看去，瞬间惊呆了——惊为天人！

只见轿中那人，柳叶弯眉樱桃嘴，肤白貌美大长腿，朱温只觉得有好几股热血涌向全身各处，然后他就什么都不知道了。等他恢复了一丝神智，才发现自己已经跟着那轿子走了好远。

朱温向轿夫偷偷打听：这是谁家姑娘？她叫啥？家住哪？家里几口人，地里几头牛？夫家有没有？说说说说你快说！

轿夫大笑："你也不撒泡尿照照自己什么德性，一个二混子竟然敢打听我们家小姐的芳名，我也不怕告诉你，我们小姐她爹就是宋州刺史，你敢打歪主意试试，还不快滚！小心小姐的保镖看到你这猥琐模样，把你赶出去！"

朱温桀骜回道："娶妻当娶张小姐，不怕脑袋打喷血！等我将来把亲结，就让你给爷提鞋！"当即离家出走，投奔黄巢的起义军去了。

有诗云：二八佳人体如酥，看得朱温鼻血出，从此立志学光武，扬名立万娶名姝。

朱温来到起义军中，为了早日出人头地，衣锦还乡，上门提亲，工作非常努力，作战极其英勇，因而受到赏识，职位步步攀升，成了黄巢手下一员战将。

得到了亲近黄巢的机会，朱温立马向黄巢提出建议：老大，我觉得咱们下一步应该打宋州。

打宋州？打那么一个野狗绕道的地方干啥？黄巢十分费解。

朱温有那么一瞬间卡壳了，他总不能说，打宋州是为了娶他朝思暮想的张姑娘吧，好在朱温脑子够快，略一沉吟，张口就编："因为从地形和形势上看，宋州现在是战略要地，必须拿下！"

黄巢大惊："连战略你都敢懂，我果然没有看错人！于是命部队紧急行军，全力攻打宋州，不多日，城破。

朱温进城以后，像疯了一样到处寻找张刺史，因为他知道，兄弟们都是性情中人，看到美女肯定是先到先得，都不带跟你客气的，这要是让哪位兄弟捷足先登，霸王上弓，那他朱温后半生的幸福可就没了！可是朱温就差挖耗子洞了，硬是连张刺史的影子都没看到，四处一打听才知道，原来张刺史早就离职了，如今已经失联多时。

朱温顿觉全天下的雷都轰了自己的顶，瞬间泪流满面，一首好诗脱口而出：都说相思痴，偏偏苦相思，我来你已失，眼泪往外刺。

从此，朱温没有了笑容，他把全部精力都投入到了造反运动中，希望用极致的工作来减轻心中极致的伤痛。

那一年，朱温奉命取同州，一举拿下，不在话下。入城，朱温坐在府衙的太师椅上，黯然神伤，他又想起了张姑娘：想你就乱乱乱头绪，不想又伤伤伤自己，刻一个爱给你，在今生今世里，想你……突然手下来报：大哥，兄弟们抓了个极美的，大哥要不先验明正身？

朱温这时还没有变成色中饿狼，他心里只有张姑娘，于是摆摆手："算了，我不好这口，告诉兄弟们，别欺负人家，谁家里还没有个姐姐妹妹……"

手下打断了他："大哥，这个你要是不看，你肯定会后悔，这个可不是一般地美！"

朱温无奈地叹了口气。无奈间，那位女子被兄弟们毛手毛脚地带了上来，朱温心肌瞬间一梗，失声大叫："抬起头来！"

那女子缓缓抬起头来，脸上泪痕犹在，真是一枝梨花带春雨，谁见谁怜，只见那女子，柳叶弯眉樱桃嘴，肤白貌美大长腿，朱温只觉得有好几股热血涌向全身各处，然后又什么都不知道了。缓过神来，朱温颤抖着问道："你可是张刺史家的千金？"

张姑娘一脸惊诧："你到底是谁？你怎么会认识我的？"

朱温见状，便将二人何时相遇，自己为什么加入造反队伍，后来如何四处寻找张家下落等往事一一道来，然后单膝跪地："嫁给我好吗？"

张姑娘答应，还是不答应？

她敢不答应吗？外边那一群如狼似虎的兄弟，一个个眼睛冒着绿光就等自己开口拒绝，然后估计是要一拥而上了。再者，这个叫朱什么温的，竟然只看了我一眼，就已确定了永远，说不感动那是假话。一个女孩子，一生能够遇到这样一个情根深种的男人，还有什么不满足的呢？

张姑娘十分羞涩地略一颔首，朱温瞬间鼻血横流：那什么，弟兄们，赶紧布置洞房，麻溜利索的！

这真是，众里寻她千百度，踏破铁鞋无觅处，天长地远魂飞苦，得来全不费工夫！

然而，正在朱温每天日晒屁屁不起床，日夜沉醉温柔乡的时候，黄巢发来急电：现命你部即刻北上，斩叛徒王重荣于河中，钦此。

朱温手中拿着圣旨，心里把黄巢他们家家谱骂了个遍，人家大龄青年好不容易结了个婚，正蜜月呢，你烦不烦啊！但再不愿意去也得去，毕竟朱温目前还没有和黄巢正面硬刚的实力，于是恋恋不舍地和老婆依依惜别。

朱温这次的敌人王重荣，作战能力不咋地，而且节操很低，5.2 的视力根本看不到他的品德下线在哪里，他在皇帝和黄巢之间降来降去，翻云覆雨，一直被各路人马深深鄙夷。但是，他手底下那几万兵马是朱温不具备的实力，于是几场仗下来，朱温部伤亡惨重，眼看就要分崩离析，朱温当然不会坐以待毙，连连向黄巢请求支援。

然而，并没有什么作用，黄巢这时候在长安极度快活，根本懒得搭理朱温。失望到绝望的朱温做出了一个艰难的决定——投降朝廷。

说干就干！朱温马上给老婆写信，表明他要反水的心思，张女士大力支持，还露了一手，把朱温都惊呆了。

张女士接到夫君的来信，秀眉微蹙，美目流转，当下心中有了主意——她要请黄巢放在队伍中的监军严实吃饭。严实早就听说朱温老婆极其美艳，正好她老公又不在家……于是一路小跑就赶过来了，谁知刚推开门就被张女士当胸一刀，小命挂掉。真是牡丹花下死，做鬼也没风流成。

张女士手起刀落，把严实的人头一割，然后往守家弟兄们面前一摆："今后，咱们跟黄巢就像这人头一样一刀两断，你们谁赞成，谁反对？谁反对咱们也一刀两断！"

大家都表示绝对没意见，于是朱温降了唐。

远在成都避难的李儇闻讯大喜，大呼："这真是老天赐给我的福将啊！"当即下诏，封朱温为宣武军节度使，把开封、商丘、亳州一并给了他，还给他赐了个新名——朱全忠！这个名字在今天看来，那是相当地讽刺。

朱温心里好高兴，这大唐看着挺大，其实就是个空架子，要是自己努努力，说不定就能称王称霸……朱温正美滋滋地构思着未来规划，家中传来噩耗——夫人病危！

说起这位张女士，可真是一个世间少有的好女子。她本是温室中的花，却被乱世毁了家，侥幸活下来了，又被迫嫁给了魔头朱温，但她不抱怨苍天，没有出现人格裂变，反而一直以自己的贤良温婉约束着朱温心里的魔性。是她，一直劝告朱温，攻城略地不要屠杀无辜百姓；是她，一直劝说朱温善待自己的弟兄，不要简单粗暴滥用军法，所以弟兄们对朱温只是服从，对夫人却是感恩戴德。

如果张女士没有芳魂早逝，也许就不会有五代十国这样一个令人发指的乱世；如果张女士与朱温相伴一世，朱温也许就不会做出那些令人发指的恶事。但张女士还是坚定不移地走了，朱温悲痛欲绝，人格瞬间裂变，他原本心里只是有些魔性，现在彻底黑化成了魔王。

为今之计，只有朕把脑袋给你们了

朱温投诚以后，李儇顿时觉得自己春天要来了，心想各路大军一到，还不立马就能将黄巢赶跑？然而，他逐渐发现事情根本不像自己想象的那么简单，朱温是降了，可黄巢手底下不止朱温一员猛将啊，这仗还是不好打，非常不好打！

其实这里面还有一个原因，晚唐的藩镇我们知道，一直以来都是裂土为王，各自为战，根本不服从大唐朝廷管教。然而，一旦他们手底下的兵打没了，成了光杆司令，那下场就不好说了。所以为朝廷打仗的时候，大家都出工不出力，对此，李儇和他干爸爸田令孜毫无办法。

正在李儇一筹莫展之际，有人提议："皇上，我们可以去找黄飞虎，不是，李飞虎，那家伙能打！"

听到李飞虎这个诨号，众人眼前瞬间一亮。

李飞虎，本命李克用，沙陀人，手底下有一支令人闻风丧当的精锐部队——沙陀骑兵，战斗力一口气能爆掉好几个表。现在我们总说，你咋不上天，你咋不与太阳肩并肩呢？而当时的人们普遍认为，李克用就是牛到能上天，能与太阳肩并肩，所以江湖朋友送他个诨号——飞虎子！又因为他瞎了一只眼睛，关系好的朋友都亲切地称他为"独眼龙"。

那么问题来了，大唐有这么凶猛的人，这么厉害的部队，为什么早不喊出来围剿黄巢呢？因为李克用这个人猛是猛，就是不太会做人，一言不合就干架，不光和有过节的节度使干，和朝中大佬也敢对着干，因而被定性为乱臣，大家合力把他赶到边疆吃土去了。因此这个建议一经提出，在场的很多人后背都开始"嗖嗖"冒凉风，心想这位煞星要是回来了，以后咱们还能有好日子过吗？于是很多人投了反对票。

但是李儇和田令孜目前可顾不了这么多了，现在形势这么危急，你们又都出工不出力，我总不能为了顾全你们，把自己玩死吧！来人，赶紧，招李克用回来勤王，高官厚禄要啥给啥！

李克用接信大喜，老子再也不用吃土了！当即率一票兄弟冲杀回来。黄巢闻讯失声惊呼："鸦儿军杀来了！"创业难度一下子从"普通"被调成了"噩梦"。李克用带着沙陀兵几乎一路平推就把长安收复了，如此不世之功，升官加薪自然不在话下。

这时的李克用非常开心，这时的朱温非常不开心，因为被打出长安的黄巢调转枪头就直奔河南，而且是直奔朱温的地盘。

黄巢撤出长安以后，在攻打陈州遭遇顽强抵抗时，他把心中的怨愤一股脑地发泄出来：打！给我往死里打！

朱温自然也不会坐以待毙，他求爷爷告奶奶地拉赞助，终于有几位节度答应与他一起出兵，他觉得还不保险，又千辛万苦求来李克用，大家一起向黄巢发起了猛攻。

在部将一一叛离，大唐重兵云集的情况下，曾经所向披靡的黄巢竟然一触即溃，再触又溃，连触连溃，终于在一次大溃以后，黄巢带着嫡系部队进入泰山虎狼谷。

这时，他的外甥林言产生了一个大胆的想法。林言趁黄巢不注意，把心腹叫到一旁，说道："如今大势已去，无力回天，倘若这样下去，咱们难免要为黄巢陪葬，不如……"

说时迟，那时快，在黄巢毫无防备的情况下，林言等人突然暴起……

一代枭雄黄巢，那个差点将大唐掀翻了的黄巢，就这样死在了自己的亲外甥手中。

也许是天道轮回，报应不爽，林言等人带着黄巢首级进京邀功途中，偶遇了沙陀骑兵，这些蛮兵听说他们身上带有黄巢首级，二话不说就动手，直接把林言他们也做掉了，然后抢过黄巢首级，连同林言等人的脑袋一起往上面一送，大功一件！

惊天大案——开封雨夜杀人未遂事件

在剿灭黄巢的战斗中，李克用是毋庸置疑的进攻主力，居功至伟，然而得到好处最多的却是全程打酱油的朱温，他从前是黄巢小弟，利用这层身份，收编了大量黄巢旧部，还和一批共同作战的节度使称兄道弟，打得火热。而性情耿直、不会做人的李克用，除了那些有名无实的官职，基本就没有捞到什么实质性的好处。

黄巢灭了，大家都准备各回驻地，李克用因为打得太猛，军队损失严重，急需补给和休整，于是部队途经开封时暂驻下来。

开封正是朱温的地盘，当初大家共同对付黄巢的时候，如果不是李克用及时赶来，挥斥雄兵横扫千军，朱温的下场很难说，如今恩人路过，于情于理，不管是感谢还是巴结，朱温都要认认真真地意思意思。

然而，李克用并不领情。

李克用未成年时就是名冠天下的勇士，一箭双雕什么的都是雕虫小技，朱温在他眼里屁都不是，一个卖主求荣的小人罢了，要不是你见风使舵投降得早，前几天连你也一起做掉！

于是喝高了的李克用在酒桌上把朱温好一顿鄙夷，弄得朱温和在座陪酒的各位兄弟面面相觑，尴尬得恨不得找个耗子洞钻进去。但是，没人敢在李克用面前拍桌子——开玩笑呢，这位爷要是趁着酒劲发起飙来，说不定这一桌子人都得去见黄巢了！

李克用骂爽了，睥睨四周，在座的有一个算一个，包括朱温，全都满脸堆笑，妩媚相迎，更爽！老子就是喜欢你们看不惯我又干不掉我的样子！于是决定，今晚就睡这里了！

讲真，朱温当时都以为自己听错了——见过能装的，真没见过这么能装的！我好心好意款待你，你借酒装疯把我这顿鄙夷，伤害性虽然不大，但侮辱性极强！现在，你还敢大大咧咧地睡在我这儿，侮辱性更强！你李克用威震天下的沙陀兵现在都驻扎在城外，我弄死你还不是一碟小菜？

于是，当夜，午夜，趁着李克用大醉不醒，朱温点齐兵马，紧闭城门，杀将过来。李克用的贴身保镖们拼死抵住第一波进攻，紧接着朱温就放起了大火，要来个焚尸灭迹。关键时刻，保镖们劈头盖脸一盆冷水，浇醒了李克用。李克用虽然诨号"飞虎子"，但他真的不会飞，望着将自己团团包围的熊熊大火，纵使李克用有万夫不当之勇，也是一筹莫展，手足无措。生死关头，突然电闪雷鸣，狂风大作，瓢泼大雨从天而降，骤雨压制了火势，李克用趁机突围出去，坠绳离城，侥幸未死。

这就是历史上著名的"开封雨夜杀人未遂事件"。

九死一生的李克用并没有像我们想的那样，回去点齐兵马给朱温来个回头杀，彻底灭了他，而是做了一件令人惊掉下巴的事情——他当即带部队回到根据地，然后开始申冤告状，要求朝廷追究朱温的刑事责任，并对自己进行实质性的物质赔偿。

这还是李克用吗？这还是那个一言不合就开打的"飞虎子"吗？一个肆无忌惮的亡命之徒，为何在旦夕之间就变成了守法公民？君请看——《大唐侃史官》之真相揭秘。

真相只有一个——因为李克用的部队在对付黄巢时用力过猛，有点打残了，而朱温浑水摸鱼，招兵买马，势力正盛。李克用虽然是个暴脾气，但他并不是个考试专用铅笔，这种情况下，使匹夫之勇逞一时之气，很惨的一定是自己，所以李克用纵然有生以来从未如此憋屈，但他还是忍了。

李克用的告状信递交到中央，立即引起了以唐僖宗李儇和他干爸爸田令孜为首的中央高层的极度重视，高层们当即召开内阁会议，专门商讨此事，几经合议，最后一致决定——绝对不能听李克用的！

这是为什么呢？因为李克用这伙人实在太猛了！你想啊，天下合兵都收不回的长安，他回来一出手，光复了；天下合兵都弄不死的黄巢，他大兵一到，魂灭。现在要是听他的，严厉制裁朱温，他顺势抢过朱温的地盘，以后这天下谁还治得了他？如果让他成了帝国的实际操盘人，大家还玩不玩了？皇帝还玩不玩了？皇帝他干爸爸还玩不玩了？所以，全票否决！

但是，作为对付黄巢的第一功臣，李克用受此大辱，显然不能不管不问，当没事发生一样，要是真激怒了他，鱼死网破也不好说，怎么办呢？最后大家想出了一个法子，给他封王——用虚无缥缈的官衔，平息李克用心头的火焰。

李克用虽然很不满意，但也别无他计，毕竟自己目前已经不具备打败朱温的实力，不管叔和婶可不可忍，他都忍了。但从此，李克用与朱温结下了死仇，彼此都恨不得将对方大卸八块，这份仇恨甚至影响了历史，可以说，整个五代的前二十年，都是"开封雨夜杀人未遂事件"的后续。

李晔神助攻，朱温一遇风云欲化龙

把"飞虎子"搞得窝囊至极，朱温在江湖上名声大振，如今再往朝堂上一站，感觉瞬间就不一样了。头一回听说投降也能投得这么牛的，自己简直成了朝堂之上说一不二的老大，连李儇那小子和他干爸爸田令孜都得看自己的脸色行事，爽！

朱温的人生从此就爽了起来。

李儇死后，他弟弟李晔继位，史称唐昭宗。此时田令孜已经失势，宫中由新任宦官头目杨复恭掌权。

李晔早在当寿王的时候就看太监们不顺眼了，他和哥哥李儇不一样，不是太监们从小控制培养起来的。作为一个还算有点理想、有点血性的君主，他觉得自家天下之所以被搞得分崩离析，完全是这帮有缺陷的男人胡乱干政的结果，所以他在处心积虑做掉杨复恭以后，开始了迅疾刚猛的整风行动。

但是，太监专政由来已久，宦官成势这么多年，实力摆在那里，他们当然不会任人宰割，双方瞬间发生了激烈冲突，太监们一度将李晔软禁，准备换个听话的人当皇帝。危急时刻，李晔想到了朱温，连忙托人给朱温送信——朱爱卿，总有阉人想害朕，快来救驾！要什么好处事后你说！

朱温收到求救信，大喜，这可是名正言顺登堂入室制霸朝堂的大好时机啊！二话不说，点齐兵马，入京勤王。太监们闻风丧胆，又一次挟持大唐皇帝跑路，跑到凤翔节度使李茂贞那里寻求帮助。

李茂贞由此控制了唐昭宗，不料想却招来了大麻烦。他想效仿曹操，但他注定当不了曹操。

朱温兵临凤翔，强势要人，李茂贞不给。朱温就把城给围了，围了将近两年，天天在城楼底下吃羊肉泡馍。

李茂贞守得粮草用尽，从冬到春，雨雪又多，城里每天饿死和冻死的就有很多人，李晔堂堂一个皇帝，在宫中弄个小磨，每天磨豆浆喝，喝得他严重低血糖，最后无奈之下，李茂贞只得将带皇上跑路的20多个太监全部斩杀，把他们的头颅送给朱温，同时将李晔也送了出去。朱温这才带着到手的皇帝喜滋滋地撤兵东去。

这个时候的朱温已经是梁王了，但"王"怎么能彰显自己的威武霸气呢？他想做"皇"！当然，这需要一个过程，但这个游戏过程难度不高。

不得不说的是，在这个游戏过程中，李晔这位大唐天子，为篡唐者朱温送上了一次又一次的神助攻。

李晔在与宦官经历了一系列斗争以后，手中有了一点权力，也对骄横跋扈多年的太监造成了重大打击，他这个时候有点飘了，将矛头直接指向藩镇，而主要打击对象就是李克用。

为此，李晔招兵买马，扩充禁军，暗中蓄力，得十万之众。在处心积虑，制定出一系列作战方略以后，李晔开始了平定四川与河东李克用的战争。但是，结果和他想象的完全不一样！用兵四川，虽然消灭了田令孜，但最终失去了四川，让王建在那里建立了一个独立王国；河东之役，虽然确实削弱了李克用，但是自己辛辛苦苦创建的中央禁军折损大半，朱温则坐收渔翁之利。从此，朱温更是如日中天，等于说，李晔间接帮助朱温当上了中原霸主，为自家王朝埋下了覆灭的祸根。

屡遭背叛有多痛，兵败如山李克用

正所谓三十年河东，三十年河西，莫欺少年穷兮兮，今日你看他不起，怎知他有朝一日不会呼风唤雨。

朱温和李克用现在就是这种情况，朱温一个流氓地痞，乱贼小弟，曾经被李克用无限鄙夷，如今却靠着投降一步步完成了逆袭，在大唐的地位无人能及。

反观李克用，将门虎种，天下闻名，也曾往来如风，也曾力挫群雄，那个曾经，天下哪个英雄不对他既惧又敬？

然而，世事无常，所料不及，李克用现在处境堪忧，不是有点堪忧，是非常堪忧。

其实，老李在平定黄巢行动中虽然有伤元气，但战斗力仍然不可小觑。如果他能把姿态放低，跟同僚们一团和气，暗中休养生息，要不了几时就会恢复到巅峰实力。

偏偏，他是个睚眦必报的臭脾气，有仇不报，他能憋死自己。

话说朱温当年对抗黄巢时，求爷爷告奶奶请来山东军阀天平军、泰宁军节度使朱瑄、朱瑾兄弟，以及飞虎李克用为自己助阵，因为同姓关系，朱温还和山东二朱拜把子成了兄弟。

然而，乱世枭雄之间，哪有什么真正的兄弟情义，今天为了利益可以做两肋插刀的兄弟，明天为了利益也可以插兄弟两刀成为死敌。

黄巢之乱刚刚平息，朱温就给李克用玩了一出午夜偷袭，两人因此成为毕生宿敌。

没过多久，朱温又惦记上了山东那片土地，将泛着寒光的冷刀插向了自己的拜把兄弟。这就叫小人之道，恩将仇报，不是不报，时候未到！

朱温觉得时候已到，于是向自己昔日的恩人开刀。兔走鹰飞，今非昔比，朱氏兄弟现在已经不是朱温的对手，思来想去，决定向老战友李克用求助。

李克用自受辱之后，虽然权衡利弊按兵不动，但哪有一天不想找朱温报仇雪恨？如今朱氏兄弟主动请求结盟，李克用心想，若是三家合兵，不说灭掉朱温，怎么也能打他个狗血淋头，而且还能顺便卖个天大的人情，这买卖划算！想到这里，李克用笑了，此时不报仇，更待何时报，也不多做思考，直接组建一支先遣队，由干儿子李存信带领，从山西火速开向山东。

谁知，老李报仇夜夜心，半路杀出个程咬金。河北魏博节度使罗弘信原本是个骑墙党，他的地盘夹在朱温、李克用、朱氏兄弟之间，如果他突然发难，李克用派往山东的先遣部队瞬间就会遭到两面夹攻，好在罗弘信不想招惹是非，只是稳坐钓鱼台，坐台观虎斗。

坏就坏在李存信这小子骄横惯了，一点没把魏博节度使放在眼里，部队进入山东地界首战得胜，他一飘，竟然纵兵对魏博打砸抢掠。罗弘信好歹是一镇诸侯，怎么可能甘心吃下这种哑巴亏，再加上朱温一个劲挑拨：唇亡齿寒啊老罗，信不信山东事了，李克用回头就要吞并你？罗弘信越听越觉得朱温的话在理，抬手就是一梭子，将李存信带去的人马毙掉大半。

李克用大怒，我干儿子抢你那么点东西，你就往死里打他，太不给我老李面子了吧！兄弟们，杀进魏博，抢到啥都是你们的！

罗弘信慌忙向朱温求救：老朱，我可是帮你打助攻才出的兵，现在这样你不能不管！

朱温表示：兄弟有难，我朱温岂能坐视不理？！我朱温最重兄弟情义！这样，我把自己最倚重的大将葛从周借给你，让他带本部兵马与你一起抗敌！

罗弘信琢磨了一下，李克用的沙陀骑兵那可是横扫千军的存在，这么点人马貌似不太够啊！

朱温阴恻恻一笑：山人自有妙计！

朱温遣手下葛从周部与罗弘信在洹水河畔拉开架势与李克用鏖战，河边土地松软，不适合骑兵作战，朱温又吩咐罗弘信事先在水草茂密处设下诸多陷马坑，专坑骑兵……此一役，李克用损兵折将，伤亡惨重，连长子李落落都被罗弘信剁了头。

李克用被魏博军团死死咬住，朱温的大部队趁机攻向李克用的老巢山西，行军途中，顺手把李克用的盟友河中王重荣、成德王镕给收编了。这种情况下，李克用亟需援军解围，他想到了自己一手提拔起来的小弟卢龙节度使刘仁恭，没想到，小刘变节了！一而再再而三地虚与委蛇，拒不发兵！这明摆着是想落井下石，墙倒使劲推。

此时，李克用与朱温之间的战斗已经接近尾声。朱温趁李克用自顾不暇一鼓作气搞定了朱氏兄弟，正准备趁热打铁再一鼓作气拿下山西，让李克用死无葬身之地，谁承想突然间天降瘟疫，朱温部队非战斗减员十分严重，再加上凤翔李茂贞想玩"挟天子以令诸侯"，抢朱温的好戏，老朱急忙撤兵，围凤翔去了。

李克用得到了喘息之机，但他并没有休养生息，而是催动大军直奔卢龙而去，他要教一教刘仁恭怎样做一个合格的小弟。

当时，全天下的人都以为这将是一场侮辱性极强的残酷碾压，以李克用沙陀铁骑的战斗力，收拾个没啥存在感的刘仁恭还不跟玩一样？没想到李克用再一次阴沟翻船，他的骑兵虽然所向披靡，一路碾压而去，但因为疏忽大意，跟在骑兵后面苦苦追赶的步兵却遭了伏击。李克用本就受到重创的部队又一次受到重创，从此彻底丧失了与朱温掰腕子的能力。

朱温篡唐，掀开哀怨四起的乱世篇章

朱温从李茂贞手里"迎"回李晔以后，索性一不做二不休，对总是跳出来妨碍自己实施伟大计划的宦官集团来了一个大清洗，一日之间干掉太监300余人，但他也没有赶尽杀绝，还留下一些老弱傻幼给宫里打扫卫生。

至此，危害唐朝多年的宦官专政终于彻底结束，但对唐昭宗李晔来说，不过是刚出狼穴，又入虎窝。

在制霸朝堂以后，朱温强迫李晔迁都洛阳，不是为了请李晔去自己的地盘看牡丹，而是为将他玩弄于股掌之上。

李晔一到洛阳就彻底沦为了傀儡，洛阳的宫殿就像囚笼，锁死了这位帝王的人生。李晔十分怀念长安的羊肉泡馍，因而每天闷闷不乐，借酒消愁愁更愁，未语泪先流。朱温看到皇帝这梨花带雨的模样，心中很不爽，担心他哪天抽冷子跑了。

朱温的手下们看出了老大的忧虑，于是决定为老大分忧，他的养子朱友恭建议干掉唐昭宗，朱温默不作声。这种情况，沉默一般表示默许，是有些话不便说的另一种表达方式，小弟们懂，于是精心策划了一次谋杀行动。

天祐元年（公元904年）八月十一日晚，李晔像往常一样一边借酒消愁，一边对着老婆们未语泪先流，朱友恭带兵直闯禁宫："呦呵，还有心思喝酒呢？"

昭仪李渐荣挺身而出："你们要想伤害我老公，我就跟你们玩命！"这样的好老婆，给多少彩礼都不多。

李晔见状，急忙护在老婆身前……不好意思，他没有，而是吓得绕着柱子转圈圈，躲避乱兵的刀剑。李渐荣再次挺身而出，以身护夫，芳魂零落于刀剑之下。李晔一直围着柱子转，根本停不下来，转了半天才发现，对方人多，早把柱子合围了，李晔卒，享年38岁。

杀完皇帝，朱友恭等人暗自得意，将来老大登基，这就是天大的功绩！没想到他们的老大还要玩假扮忠臣的游戏。朱温暂立13岁的李柷为帝，史称唐哀帝，然后以"成济之罪"削了朱友恭等人的首级。

成济，三国人物，曹魏太子舍人，在曹髦与司马昭做殊死一搏时，受司马昭心腹贾充指使，用戟刺死曹髦。事后，司马昭为了洗白自己，平息众怒，将成济和他哥哥成倅拉出来背锅，充当了自己弑君的替罪羊，灭其三族。

历史总是惊人地相似，政权之争从不珍惜道义和鲜血。

李克用得知朱温弑杀唐帝，惊怒交集，他虽然是大唐刺头，恃才傲物，不服领导管教，甚至恃强凌弱欺负领导，但对李唐政权依然忠心可鉴，从未生出过弑帝篡位之念。眼见朱温如此不臣，李克用立刻满世界喊人，号召大家联合起来一起对抗朱温，为先帝报仇雪恨。

结果李克用喊来喊去，竟然没有一个人愿意和他一起拯救国家于危难之际，李克用气得一拍桌子：请外援！他找到契丹老大耶律阿保机，商议合作事宜，并愉快地达成结盟协议，事毕，又愉快地结为异性兄弟。

结盟之后，李克用精神大振，意气风发，感觉自己的沙陀骑士再搭上耶律阿保机的契丹铁骑，那就是倚天剑合璧屠龙刀的存在，号令天下，莫敢不从，灭霸不出，谁与争锋？然而，他的兴奋劲还没过呢，耶律兄弟转个身就与朱温勾搭成奸，李克用悲哀地发现，所谓兄弟，在乱世里，在利益面前什么都不是。

同样什么都不是的，还有大唐的国运。

公元907年，大唐天祐四年，唐诸道兵马元帅朱温废唐哀帝李柷为济阴王，篡唐自立，改元开平，国号大梁，曾盛极一时的大唐王朝正式宣告灭亡。

消息传到河东，晚唐第一猛将、晋王李克用涕泪滂沱，竟悲伤过度，一病不起。翌年，他便带着满腔的悲愤一命呜呼了。

弥留之际，李克用将儿子李存勖叫到病榻前，从被窝里掏出三枝狼牙箭，恶狠狠地对他说："你用心记一下：这不是三根箭，这是三个人！你务必记住他们的名字：他们是朱温、刘仁恭、耶律阿保机，这三个人与我有不共戴天之仇，此仇不报，我心中属实苦涩！"

话说到这里，昔日名动天下的"飞虎子"便咽下了他人生中的最后一口气，与他所忠诚的大唐王朝一起被掩埋在了历史的灰烬之中。

李存勖伏地大哭，几欲昏厥，良久，他缓缓起身，望着父亲留下的三枝箭，他目欲滴血……

那么问题来了：

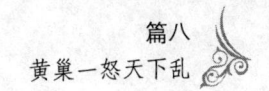

——身负血海深仇的李存勖究竟能否完成父亲的临终遗命?

——本是痴心情种的朱温为什么在霸业得成以后开始荒淫乱伦?

——此时还默默无闻的耶律阿保机凭什么在乱世中开创霸凌中原百年的大辽?

——唐末各地藩镇不愿从朱温者将会面临怎样的结局?

君请看——《大宋侃史官》!

贷：待处理财产损溢——待处理流动资产损溢　　　　　　　160
　　借：待处理财产损溢——待处理流动资产损溢　　　　　　　150
　　　贷：管理费用　　　　　　　　　　　　　　　　　　　　　　　150
（3）批准前：
　　借：待处理财产损溢——待处理流动资产损溢　　　　　　　55
　　　贷：现金　　　　　　　　　　　　　　　　　　　　　　　　　55
　批准后：
　　借：其他应收款　　　　　　　　　　　　　　　　　　　　　55
　　　贷：待处理财产损溢——待处理流动资产损溢　　　　　　　55

4. （本小题5分）

业务号	权责发生制		收付实现制	
	收入	费用	收入	费用
（1）	5 000		5 000	
（2）	15 000			
（3）		1 000		6 000
（4）			2 000	
合计	20 000	1 000	7 000	6 000

5. （本小题6分）
（1）货币资金 = 1 000 + 200 000 = 201 000（元）
（2）应收账款 = 30 000元
（3）应付账款 = 50 000元
（4）应付福利费 = -15 000元
（5）预收账款 = 10 000元
（6）预付账款 = 20 000元

6. （本小题14分）
（1）借：银行存款　　　　　　　　　　　　　　　　　　　58 500
　　　贷：主营业务收入　　　　　　　　　　　　　　　　　50 000
　　　　应交税金——应交增值税（销项税额）　　　　　　　8 500
（2）借：应收账款　　　　　　　　　　　　　　　　　　　11 700
　　　贷：主营业务收入　　　　　　　　　　　　　　　　　10 000
　　　　应交税金——应交增值税（销项税额）　　　　　　　1 700
（3）借：营业费用　　　　　　　　　　　　　　　　　　　6 000
　　　贷：银行存款　　　　　　　　　　　　　　　　　　　6 000
（4）借：主营业务成本　　　　　　　　　　　　　　　　　90 000

　　　　　　　贷：库存商品　　　　　　　　　　　　　　　　　　　90 000
（5）借：主营业务税金及附加　　　　　　　　　　　　　　　 1 800
　　　　　　　贷：应交税金——应交城市维护建设税　　　　　　　 1 800
（6）借：主营业务收入　　　　　　　　　　　　　　　　　　150 000
　　　　　　　贷：本年利润　　　　　　　　　　　　　　　　　150 000
　　借：本年利润　　　　　　　　　　　　　　　　　　　　　 97 800
　　　　贷：主营业务成本　　　　　　　　　　　　　　　　　 90 000
　　　　　　主营业务税金及附加　　　　　　　　　　　　　　 1 800
　　　　　　营业费用　　　　　　　　　　　　　　　　　　　 6 000
（7）所得税 =（150 000 - 97 800）×33% = 17 226（元）
　　借：所得税　　　　　　　　　　　　　　　　　　　　　　 17 226
　　　　贷：应交税金——应交所得税　　　　　　　　　　　　　 17 226
　　借：本年利润　　　　　　　　　　　　　　　　　　　　　 17 226
　　　　贷：所得税　　　　　　　　　　　　　　　　　　　　　 17 226
主营业务利润 = 150 000 - 90 000 - 1 800 = 58 200（元）
营业利润 = 58 200 - 6 000 = 52 200（元）
利润总额 = 52 200 元
净利润 = 52 200 - 17 226 = 34 974（元）

参考书目

1. 企业会计准则编审委员会编：《企业会计准则讲解与运用》，立信会计出版社2006年版。
2. 袁广达、姚晖等编著：《会计学原理》，经济科学出版社2009年版。
3. 吴水澎主编：《会计学原理》，辽宁人民出版社2001年版。
4. 郭道扬、朱小平主编：《初级会计学》，经济科学出版社2004年版。
5. 刘永泽、陈立军主编：《中级财务会计》，东北财经大学出版社2009年版。
6. 魏明海、龚凯颂主编：《会计理论》，东北财经大学出版社2009年版。
7. 荆新、王化成、刘俊彦主编：《财务管理学》，中国人民大学出版社2006年版。